초등수학
만점공부법,
시작은 연산이다

초등수학 만점 공부법, 시작은 연산이다

(초등생을 위한 7영역 공부법 ①자연수와 빠르기 ②연산 ③분수 ④넓이 ⑤이동 ⑥확률 ⑦문장제)

[만점 공부법®] 시리즈 NO. 32

지은이 ㅣ 조안호
발행인 ㅣ 김경아

2020년 8월 15일 1판 1쇄 발행
2021년 10월 15일 1판 2쇄 발행
2024년 3월 27일 1판 3쇄 발행(총 3,500부 발행)

이 책을 만든 사람들
책임 기획 ㅣ 김경아
북 디자인 ㅣ 김효정
교정 교열 ㅣ 좋은글
경영 지원 ㅣ 홍종남

종이 및 인쇄 제작 파트너
JPC 정동수 대표, 천일문화사 유재상 실장, 알래스카인디고 장준우 대표

펴낸곳 ㅣ 행복한나무
출판등록 ㅣ 2007년 3월 7일. 제 2007-5호
주소 ㅣ 경기도 남양주시 도농로 34, 301동 301호(다산동, 플루리움)
전화 ㅣ 02) 322-3856 팩스 ㅣ 02) 322-3857
홈페이지 ㅣ www.ihappytree.com ㅣ bit.ly/happytree2007
도서 문의(출판사 e-mail) ㅣ e21chope@daum.net

ⓒ 조안호, 2020
ISBN 979-11-88758-23-4
"행복한나무" 도서번호 : 124

초등수학 만점공부법, 시작은 연산이다

|조안호 지음|

문·이과 통합시대, 수학은 필수다

문·이과 통합, 초등학생이라면 수학은 필수

중학생 절반이 수학을 포기한다. 그리고 포기하지 않은 50% 아이들이 인문계를 진학하는데, 이 아이들이 고등학교에 들어가자마자 불과 2~3달 만에 60% 정도가 포기한다. 역산해보면 최소로 잡아도 전체 학생들의 80%, 필자가 보기에는 거의 90% 정도가 수학에서 포기수순을 밟고 있다.

현실적으로 수학을 잘하지 못하고 좋은 대학에 진학하는 길은 없다. 위기의식을 조장하는 것이 아니라 있는 그대로를 직시하는 것이다. 그래도 지금까지는 수학이 어려운 아이들이 이공계의 꿈을 버리고 문과로 가서 수학을 못하는 아이들끼리의 경쟁으로 좋은 등급, 좋은 대학을 가기도 하였다. 그러나 현재 초등학생이라면 그것도 요원하다. 2018년부터는 문과와 이과의 통합으로 수학을 못하게 되면 문과를 선택할 수도 없다.

정책 당국자가 수학의 분량을 줄이고 쉽게 만든다고 말하지만, 필자가 보기에는 방향이 잘못되어서 아이가 느끼는 체감 난이도는 오히려 더 올라갈 것으로 보인다.

지금까지도 그랬지만 앞으로 수학을 못하면 아이의 다른 장점은 모두 묻혀버리고, 수학을 잘하는 아이의 등급을 올려주는 역할로 추락할 것이 뻔하다.

길게 가는 공부

대기업은 이공계에서 신입사원의 85%를 뽑고 있으며, 점차 그 비중이 늘어나서 문과를 졸업하면 취업시장에서 찬밥을 면치 못하고 있다. 아이의 적성이 가장 중요하기는 하지만, 사회가 요구하는 인재상을 무조건 외면할 수는 없다. 그렇다고 사태의 심각성을 인식하는 초등학부모들이 수학에 올인하는 것에 찬성하는 것은 아니다. 초등학교는 앞으로 공부해야 할 기간이 길어서 자칫 아이도 엄마도 지칠 가능성이 높다. 또한 무조건 많이 가르치는 것이 수학을 잘하게 하는 것이 아니며, 수학 외적인 것으로 수학에 도움이 되는 것들을 간과하여 오히려 독이 되는 경우가 많기 때문이다.

강연을 다니다보면 초등학생 학부모를 대상으로 하는 강연은 성황이지만, 중·고등학교 학부모를 대상으로 하는 강연은 횟수도 인원수도 급격히 준다. 부모가 지치고 직접 가르칠 수도 없으니 아이는 학원에 맡기고 일정부분 체념하기 때문이다. 중·고등학교에서는 아이에게 학습의 주도권을 주는 것이 맞다. 그러나 아이가 공부할 수 있도록 사전에 여건을 마련해주지 않은 경우가 많다. 그러면서 아이가 공부를 하려고 하지 않는다는 말을 많이 한다. 하려고 하는데도 안 되는 것은 아닐까? 그리고 초·중학교에는 꿈이나 목표가 없는 아이들이 많은데, 이 꿈이 없는 아이들이 꿈을 이루는 수단인 공부를 잘하고자 하는 생각이 들 리가 없다. 그러다가 고등학교에 가면 아이들이 적어도 단기 목표인 대학을 위해서 공부를 하려고 한다. 부모가 해줄 수 있고 해주어야 하는 단 한 가지는 바로 아이가 공부를 하려고 할 때 미리미리 준비해주는 것이며 그것이 최선이다.

끝내가는 공부

교육 개발원의 초등수학 성취도 자료에 의하면 1.8학년의 실력으로 초등학교에 들어가지만 4.2학년으로 졸업한다고 한다. 수학이 중요하다며 공·사교육을 통하여 6년간의 세월을 투자했지만, 실력은 2년 정도밖에 늘지 않는 이 현실을 어떻게 받아들여야 할까? 단적인 예로 초등학교에서는 2년 반이나 분수의 사칙계산에 투자한다. 그런데 중학생 절반이 분수의 사칙계산조차 하지 못하여 수학을 포기하고 만다. 시험을 잘 보기위해 문제집이나 잔뜩 풀리고 사고력이니 재미있는 수학이니 하며 확장에만 치중하다가 정작 중요한 것들은 모두 놓친 결과다.

수학을 큰 틀에서 보면 초등학교는 수 연산, 중학교는 수식에 대한 이해, 고등학교는 수식을 확장하는 시기다. 그렇다면 초등학교에서 수 연산을 확실하게 잡는 것이 필요하다는 것은 누구나 아는 사실이다. 그런데 상대적으로 사고력을 우선시하여 연산은 응용문제나 사고력 문제를 풀다보면 마치 저절로 해결되는 것인 양 착각하는 것이 문제다. 물론 극소수 그런 아이도 있지만 99% 아이들은 이 방법이 통하지 않는다. 수 연산은 응용문제 풀이를 통해 부수적으로 습득하는 것이 아니다. 연산기호의 의미와 함께 별도로 훈련을 해야 하고 그 목표도 정확해야 한다. 앞으로 차차 언급하겠지만 개인적인 판단이나 심정적으로 이 정도면 되었다고 하는 것이 아니라, 객관적인 기준으로 수학이 요구하는 것을 완성시켜나가야 한다.

초등학교와 중학교에서 잘하다가 고등학교에서 공부를 못하기를 바라는 학부모는 아무도 없을 것이다. 고등학교 수학을 잘하게 하고 싶다면 초등수학에서 배워야 할 것이나 오래 걸리는 것들을 끝내야 한다. 초등학교에서 끝내주지 않는다면 중·고등학교에서 발목이 잡힐 것이 뻔하기 때문이다. 게다가 수학은 많은 분량을 공부해야 하는데 이것저것 무언가 도움이 될 것이라는 막연한 생각으로 공부를 시키지 마라. 구체적인 목표를 정하고 하나씩 끝내가서 앞으로 해야 할 양을 줄이는 것이 최선이다.

수학은 공부해야 할 분량도 많지만 한꺼번에 해결할 수도 없고 공부의 내용과 습득 방법이 그 어떤 과목보다도 중요한 과목이다. 고등학교에 가서도 수학을 포기하지 않도록 이 책에서는 초등학교에서 길러야 할 것들을 7가지로 정리해 줄 것이다. 그리고 지면이 허락하는 대로 습득 방법을 자세히 기술하려 한다.

모쪼록 이 책을 통해 수학이 아이의 꿈을 이루는 데 걸림돌이 되지 않고 행복한 아이로 성장해 가는 데 작은 보탬이 되길 빈다.

마지막으로 다른 일을 우선시 하며 계속 원고 집필을 늦추어서 속이 시커멓게 탔을 텐데, 항시 웃는 얼굴로 대해 준 <행복한나무>의 가족에게 미안함과 고마운 마음을 함께 전한다.

조안호

차례

1부 | 수학이 아이의 발목을 잡게 하지 마라

2부 | 초등수학, 우리 아이의 약점을 찾아라

3부 | 초등수학 만점을 위한 9가지 전략

수학이
아이의 발목을
잡게 하지 마라

1

수학을 왜 해야 할까? 좋은 대학을 위해서?!

"이런 거 배워서 어디에 써요?"

"그냥 더하기 빼기만 하면 일상 생활하는 데 지장은 없지 않나요?"

수학이 싫은 아이들의 질문이다. 제법 논리적인 근거까지 대며 수학공부의 근원적인 질문을 한다면 부모로서도 난감하기 그지없다. 그냥 '대학을 가려면 수학을 잘해야 한다'라고 치부한다면 그것이 부모의 진짜 속마음이었다 해도 아이의 마음을 돌리기에는 역부족이다. 그런데 어디서 들었는지 대부분 초등학생들은 좋은 대학을 가기 위해 수학을 잘해야 한다는 것을 이미 알고 있는 듯이 보인다.

공부는 수단이다. 대학을 가는 수단으로서 공부는 아직 초등학생들에게 너무 멀어서 설득력이 떨어진다. 그렇다고 필자가 이런 질문에 명쾌하게 대답할 수 있는 것은 아니다. 그러나 수학을 왜 공부해야 하는지에 대해 생각해보고 정리를 해두는 것이 학부모든 선생이든 가장 먼저 해야 할 일 같아서 맨 처음 다룬다. 다음은 필자가 대처하는 방법이다.

가장 좋은 방법은 '이런 거 배워서 어디에 써요?'라는 질문이 나오기 전에 선수를 치는 것이다. 이런 질문이 나오기까지 아이는 수학이 어려워서 피해가고 싶은 생각이 간절했다는 것이다. 아직 수학을 포기하겠다는 결론이 나온 것은 아니지만 이미 수학이 싫어진 것이다. 이런 질문이 나오지 않는 것이 최선이지만, 그것이 여의치 않다면 수학의 필요성을 평상시에 미리 알려주어야 한다. 아이가 수학은 필요없는 것이라는 결론을 내고 물어온다면 아무리 얘기를 해도 자신을 설득하려는 사람에게 방어적이 되어서 효과가 떨어진다. 다음은 필자가 최근 아이들에게 자주 던지는 질문이다.

선생님 세대는 80살, 너희 세대는 100살까지 산다는데, 요즈음 태어나는 아이들이 140살까지 살 것이라는 말을 들어본 적이 있니? 그리고 이 말에서 느끼는 것 없니?

지겨울 것 같아요.

선생님은 이것을 보고 앞으로 과학의 발달 속도가 엄청날 것이라는 것을 예감했단다.

과학의 발달과 무슨 관련이 있나요?

당연하지. 과학의 발달은 모든 분야에 그 파급력이 크단다. 그리고 과학의 기반이 수학이라서 앞으로 수학과 과학이 사회 발전에 엄청난 영향을 끼칠 거야. 네가 생각하는 수학은 일상생활에서 더하기와 빼기만 있는 것 같지?

네.

네가 동네 가게들 밖에 가보지 않아서 그래. 만약 학교에서 배운 것을 나중에 직장에 가서 사용하게 된다면 바로 억대 연봉을 받게 될걸. 미국 유망 직업에 대한 자료가 있는데 한번 볼래?

커리어캐스트닷컴의 보고서에 따르면 '미국 2015년 최고의 직업'을 10위까지 선정하였다.

보험계리사(1위), 청각검사 기능사(2위), 수학자(3위), 통계학자(4위), 생체공학자(5위), 데이터과학자(6위), 치과위생사(7위), 소프트웨어 기술자(8위), 직업치료사(9위), 컴퓨터시스템 분석가(10위) 등의 전문직이 선정되었다.

커리어캐스트닷컴은 미국 노동통계청과 인구통계조사, 산업계 등의 각종 자료를 토대로 200개 주요 직업의 연봉, 전망, 작업환경, 스트레스 등을 종합 분석해 매년 최고의 직업과 최악의 직업을 선정하고 있다. 2014년 최고의 직업 1위에 수학자(평균소득 약 1억507만원)가 꼽혔었다. 수학자뿐만 아니라 통계학자(3위), 보험계리사(4위), 컴퓨터시스템 분석가(8위) 등 수학을 응용한 데이터 전문가가 모두 상위권에 올라있었다. 글로벌 금융 관련 전문가들은 수학 분야가 향후 8년 내에 23% 성장할 것이라고 전망하였다.

위 직업들이 정확하게 무엇을 하는지는 선생님도 잘 모르겠단다. 그런데 모두 수학과 과학이 관련되었다는 것은 알 수 있을 것 같지?

어떻게 수학자가 유망직업 1위가 될 수 있어요? 충격이에요.

사실 선생님도 충격이란다. 하지만 수학과 과학이 앞으로 우리 사회의 기반이 될 것이라는 사실은 확실한 것 같지 않니?

　그 밖에도 우리나라 청년실업이나 사회의 주류에서 밀려난 일본의 사토리 세대 이야기 등, 학부모에 따라 거부감이 있을지도 모르는 현실을 때로는 적나라하게 알려주는 것이 좋다. 그리고 앞으로 아이에게 꿈이 무엇인지 장래희망이 무엇인지 물어보려면 미리 사회의 밝은 측면과 함께 어두운 측면도 알려주어야 하며 그 판단은 아이에게 넘겨주는 것이 맞다.

　물론 우리나라 초등학생들의 장래희망은 주로 연예인, 운동선수 등이고, 중·고등학생이나 학부모가 선호하는 직업은 교사, 공무원, 의사, 경찰관, 간호사 등 고용불안으로 안정적 직업을 꿈꾸는 것들에 대해서도 이야기 해 봐야 할 것이다. 아이가 보수적으로 공무원이나 교사를 꿈꾸거나 보다 진취적으로 고소득 전문직을 꿈꾸든지 그것은 아이에게 맡기더라도 알려는 주어야 하지 않을까? 그리고 그 과정에서 수학의 필요성에 대하여 접근할 수도 있을 것이라 본다.

2

손가락셈을 하는 아이, 어떻게 할까?

주로 연산력이 부족한 저학년에서 손가락셈을 하지만 5학년인데도 손가락셈을 하는 경우를 본 적이 있다. 손가락셈을 하면 연산이 늦기 때문에 연산력을 길러야 한다는 말도 많이 들었던지라, 일반 학부모들도 손가락셈을 하면 안 된다는 것을 알고 있다. 그래서 아이에게 손가락셈을 못하게 하지만, 아이는 몰래 책상 밑에서 손을 꼼지락거린다.

아이가 손가락셈을 할 때는 그만한 이유가 있다. 아이가 알고 있는 방법이 그것밖에 없거나 다른 방법을 알고 있더라도 손가락셈보다 못하기 때문이다. 즉, 아이는 이것이 가장 편한 방법이기 때문이다. 대안도 없이 무조건 못하게 하면 아이보고 어떻게 하라는 말인가? 올바른 대안 없이 다그친다고 해결 되는 것도 아니고 대안이 없는 다그침은 오히려 더 부정적으로 흐를 우려가 많다.

우선 다소 지루하고 전문적일지라도 덧셈의 도입 과정을 이해해보자. 많은 사람들이 덧셈과 **뺄셈**을 별거 아니라고 우습게 여기지만 실제로는 가장 중요하고 확실하게 해야 하며 그 과정은 길고도 험난하다. 학교의 교과 과정에서는 덧셈, 뺄셈을 4년이나 배우고, 이후로도 수학을 하면서 계속 사용한다. 그러나 고등학교에서 가장 오답을 일으키는 부분이 바로 덧셈, 뺄셈이라는 것을 알아야 한다. 정식 수학교육의 순서는 가장 먼저 수 세기를 하고 '구체물 ⇨ 반구체물(보통 도트) ⇨ 수'라는 과정을 이해해야 한다. 이후 더하기 1, 2, 3은 '다음 수', '다음다음 수', '다음다음 수'처럼 도입된다. 그리고 더 큰 수의 덧셈은 10의 보수로 10을 만드는 과정을 이어간다. 그런데 이 과정을 거치면서 부족한 부분이 생길 수 있는데, 그 결과로 아이는 손가락셈을 하게 된다. 따라서 손가락셈은 교육과정에서의 결손학습을 의미하고 그 부분을 보충하는 계기로 삼아야 한다.

심하지 않은 경우라면 10의 보수를 강화하여 몇 달 동안 연습을 하게 한 다음, 10을 만들어서 계산하는 방법을 알려준다. 이 방법이 손가락셈보다 바르고 정확하다는 것을 아이가 깨닫게 되면 더 이상 손가락셈을 하지 않을 것이다. 손가락셈을 못하게 하지 말고 더 좋은 방법을 제시하여 해결하라는 것이다. 물론 손가락셈을 방치하더라도 아이는 덧셈을 외우는 과정을 거치면서 손가락셈을 하지 않을 것이다. 그러나 부족한 부분이 해결된 것이 아니라서 치명적인 약점을 안고 수학의 진도를 나가게 된다. 길게 가는 수학공부는 단지 그 학년에서 점수를 몇 점 받았다는 것만이 척도는 아니다. 손가락셈을 하거나, 하면서 덧셈과 뺄셈이 오래 걸리거나, 구구단과 분수의 연산이 빠르게 안 나오더라도 당장 성적에 미치는 영향은 적다. 그러나 앞으로 계속 잘하기 위해서 점수 이외에 기반이 되는 것들은 그 시기에 챙겨야 하며 다소 민감하게 반응할 필요가 있다.

놀이수학과 스토리텔링이 완벽한 수학공부법?

길게 공부해야 하는 수학, 그래서 학부모들은 아이가 수학을 좋아했으면 생각하고 스토리텔링과 놀이수학 등 방법을 찾는다. 수학을 좋아하게 되면 아이가 수학을 잘하게 될 것이라는 기대 때문이다. 이 방법들을 제대로 시행하고 활용할 수만 있다면 필자 역시 손 안 대고 코를 푸는 방법이라 생각한다. 그러나 필자는 이것을 적극 권장하기가 망설여진다. 한 마디로 부모님들이 원하는 대로 수학을 좋아하고, 결국 수학공부도 잘하게 하도록 하는 놀이수학이나 스토리텔링을 해 주는 곳이 없기 때문이다. 이들 프로그램을 잘 활용하면 수학을 좋아하게 될 수 있을지는 모르겠지만 수학을 잘하게 될 것이라는 확신은 없기 때문이다.

여기에서 잠깐, 아이가 수학을 잘해서 얻으려는 것이 무엇인지 먼저 체크해 보자. 그래야만 다음 이야기를 진행할 수 있기 때문이다.

다음 중 아이가 수학을 잘하게 해서 얻으려는 것은 무엇인가? (   )
① 학교 수학공부 잘하기   ② 좋은 대학 가기   ③ 수학자 만들기

어느 것을 선택하든지 부모의 마음이니 정답은 없다. 아이가 수학자의 꿈을 꾸고 있다면 다르겠지만, 대체로 수학을 잘하다가 나중에 좋은 대학까지 간다면 금상첨화라는 생각일 것이다. 그런데 이 중에 꼭 한 가지만 선택하라면 아마도 아이를 위해 다소 속물이라는 비난을 감수하고서라도 필자처럼 '좋은 대학 가기'를 선택한 분들이 가장 많을 것이다. 그러면서 한편으로는 학교 수학공부를 잘하다보면 나중에 좋은 대학에 가는 것이고, 그러다가 아이가 수학자를 원하면 또 그렇게 되는 것인데 굳이 하나를 선택하라는 이유에 대해 의아해 하신 분들도 있을 것이다. 물론 수학을 잘하면 학교성적도 좋고, 좋은 대학도 가고, 수학자도 될 수 있다. 맞는 말이다.

그런데 문제는 수학의 진짜실력과 내신이나 수능시험의 수학 점수 사이에는 차이가 있기 때문이다. 현실적으로 어떤 시험이든 그 시험에 나오는 문제를 풀어야 점수를 잘 받는다. 결국 대학까지 기간은 정해져 있고 수학의 공부양은 많아서 어떤 목표를 갖느냐에 따라 공부방법과 결과가 확연하게 달라진다는 것이다.

학교시험을 잘 보는 방법은 선생님들이 하라는 대로 하는 것이다. 시험은 배운 것을 1~2달 내, 즉 비교적 단기간 내에 확인하는 과정이고 여러 종류의 문제집을 풀어서 결국 나올만한 문제를 풀었던 아이들이 잘한다. 그런데 이 방법은 아이에게 너무 많은 공부를 요구하기에 힘들어 하

고, 문제 유형만 공부하는 오류에 빠지기 쉬워서 개념을 소홀히 할 수 있다. 그렇기 때문에 수능시험에서 실패하는 경우가 많다.

수학자들이 말하는 대로 하는 것은 주로 수학자를 만드는 방법이다. 평생 동안 수학을 해야 하는 수학자에게는 무엇보다 재미가 중요하기에 이를 강조하는 경향이 있다. 흥미로운 주제를 다루는 놀이수학이나 스토리텔링 등도 주로 수학자가 주장하는 방법이며, 수학이 재미있으려면 쉬운 문제가 아니라 어려운 문제를 끝까지 물고 늘어지는 것이다.

그런데 아이러니하게도 수학을 좋아한다 해서 반드시 수학을 잘 한다는 보장은 없다. 학창시절 이런 경험이 한 번씩은 있을 것이다. 친구들 중에는 수학을 좋아한다면서 수학점수가 좋지 않은 경우 말이다. 이런 아이들은 어려운 문제를 푸는 것을 좋아해서 시험에 나오는 문제를 풀지 않은 경우가 많다. 안 나올 문제를 풀거나, 개념을 잡을 수 있는 쉬운 문제를 거부하기에 점수가 나오지 않는 것은 당연하다. 수학을 좋아하는 아이가 많지는 않지만, 그나마 수학을 좋아해서 잘하는 것이 아니라 잘해서 좋아하는 경우가 대다수다.

그런데 필자를 포함하여 많은 사람들이 원하는 수능시험을 잘 봐서 '좋은 대학을 가는 방법'을 제시하는 사람은 거의 없다. 그러다보니 선생님들이나 수학자가 말하는 방법만 학부모들에게 알려지고 세뇌되어 상식으로 굳어져 버렸다. 그래서 결국 열심히 노력하여 학교시험은 잘 보는데, 수능시험에서 좋은 점수로 연결되지 못하여 만족한 결과를 얻지 못하는 경우가 많다.

초등학생에게 수능은 너무도 멀리 떨어져 있고 또 빨리 가라는 말이 아니다. 적어도 방향을 수능시험으로 잡는다면 강화해야 할 교육내용을 알 수 있고, 불필요한 교육이나 잘못된 교육을 걸러낼 수 있다는 것이다. 이것이 이 책을 내는 이유이기도 하다. 불필요한 내용을 걷어내면 아이에게 시간을 돌려줄 수 있고, 그래야만 멀리 가는 교육을 힘들지 않게 소화해내고 수학에서 중요한 사고력을 기를 여유도 생긴다.

'빨리', '깊게' 생각하는 것은 수학의 최종목표지만, 과정 중에 있는 아이가 이것을 한꺼번에 습득하는 것은 무리다. 그래서 각각 따로 순서를 밟아야 한다.

수능시험과 스도쿠는 연관성이 없다

한참을 돌았는데 이제 놀이수학이나 스토리텔링 이야기로 돌아가 보자. 놀이수학은 책으로 공부하는 것보다 훨씬 반복을 많이 하기 때문에 좋은 것이고, 스토리텔링은 머리의 기억 메커니즘과 동일하기 때문에 좋다. 그런데 놀이수학이나 스토리텔링의 기존 방법들은 그 내용면에서 수능시험에는 전혀 도움이 되지 않는 것들로 이루어져 있다. 스도쿠, 마방진, 한붓그리기, 텔셀레이션, 싸이클로노이드 등의 이름이 붙어있는 놀이수학도 수능수학시험과 연관성이 없다. 단지 수학자가 되고 싶거나 수학을 재미있게 하려는 목적은 맞다. 그러나 수학점수를 올리는 것과는 무관하다. 그냥 놀고자 하는 아이의 재미나 취미로는 얼마든지 좋다고 생각한다. 다만 학교 선생님이 개별적으로 단원을 재미있게 하기 위해 개발해서 사용하는 것이나 연산 등을 필요로 하는 재미있는 수학은 좋다.

스토리텔링은 학습내용을 습득하는 방법으로는 훌륭하지만, 이것을 활용하여 문제로 내는 것은 수학의 응용문제에 해당하기에 잘하는 아이에게만 도움이 된다. 그래서 아이들이 재미있게 하려는 취지로 도입했지만, 실제로는 초등수학 문제는 오히려 더 어렵게 느껴지게 되었다. 그렇지 않아도 기본을 외면하고 자꾸 응용문제로 나가려는 교육에 기름을 붓는 것이 아닌가라는 우려가 든다. 다만 수학의 개념을 습득하는데 스토리텔링을 활용할 수 있으면 좋겠지만 솔직히 우둔한 필자는 제대로 활용할 수 있을까 의심이 든다.

아직 보지는 못하였지만 앞으로 초등수학의 기본을 다루는 놀이수학이나 스토리텔링을 다루는 곳이 있다면 적극 권장한다.

19단, 수학을 잘하기 위해 외울 필요는 없다

한동안 19단 외우기가 유행하여 집집마다 19단표가 없는 곳이 없었다. 최근에는 많이 시들해졌지만 아직도 질문하는 경우가 심심치 않게 있다. 19단은 세계 최고 수준의 수학과 *IT* 산업 강국인 인도 학생들이 외우는 것이어서 한때 크게 반향을 일으켰다. 더 많은 결과를 외우고 있으면 당연히 곱셈을 암산하기가 편하고 시간이 단축된다. 그래서 누군가가 밑도 끝도 없이 19단을 외우면 좋은 것이냐 라고 묻는다면 '그렇다'고 대답을 해야만 한다. 장점을 부인할 수는 없기 때문이다.

그런데 수학 전문가들은 '인도 학생들이 19단을 배운다'는 것과 '인도 학생들이 수학을 잘한다'는 것은 큰 관계가 없다고 한다. 10진법 체계에서 19단은 구구단 이상의 큰 의미가 없으며, 두 자리 수 곱셈은 적절한 암산법을 익히면 모든 두 자리 수로 확장 적용할 수 있다. 오히려 19단이 학생들로 하여금 수학혐오증을 낳거나 창의력을 떨어뜨린다는 주장이 있다. 필자도 부모들의 수학에 대한 불안 심리를 이용하여 상업적으로 이용한다고 판단하지만, 부모로서는 어떤 것이나 장단점은 존재하기에 이를 정확하게 알고 그 판단을 하는 것이 맞다. 그렇다면 19단은 우리나라에서 전혀 필요가 없다는 것인가? 그렇지는 않다. 필자가 보기에 19단을 외우면 우리나라 교육과정에서는 두 가지에서 도움을 받을 수 있다.

첫째, 13, 17, 19와 같은 소수(자연수 중 약수가 2개인 수)의 배수를 인지하는데 도움이 된다. 둘째, 중3에서 제곱근을 활용하기 위해서 10에서 20까지 자연수의 제곱을 외워야 하는데 그때 도움이 된다.

수학을 잘하기 위한 19단은 필요하지 않다

학교공부가 아니라 단지 수에 대해서 관심이 있어 알고 싶어 하는 학생들에게 가르치는 것을 막겠다는 것은 아니다. 그러나 중·고등학교나 대학을 위해서 공부하는 일반 학생들을 위해서는 19단까지 외울 필요는 없다. 다만 19단의 장점을 흡수하기 위해서는 구구단을 보다 완벽하게 하고 앞서 말한 배수와 제곱근 부분을 잘하면 되는데, 이 두 가지를 습득하는데 오래 걸리거나 힘든 일이 아니다.

필자는 19단이 우리나라에서 유행하기 전부터 이미 초등3학년에서 구구단과 몫창(나중에 다시 설명할 것임)을 익히게 했다. 그 다음 순으로 10에서 20까지의 수 중에서 아이가 받아들이는 정도에 맞게 14~16까지 제곱을 외우게 하고, 나머지는 중3으로 미루고 있다. 또한 소수는 원래 중1에서 배우는데 필자는 초등5학년의 약분에서 가르치고 13, 17, 19의 배수를 인식하게 만들고 있다.

분수의 셈을 하기 위해서는 필연적으로 수의 분해와 합성을 다루게 되는데, 적은 노력으로도 아이에게 자연수의 최소 단위인 소수를 강화시켜 줄 수 있기 때문이다. 이처럼 구구단을 보다 확실하게 하고 거듭제곱과 소수를 강화시켜 줄 수 있다면, 19단을 외울 필요가 없다. 그렇게 하지 않더라도 우리나라 교육과정에서 요구하는 정도를 충분히 소화시켜낼 수 있기 때문이다.

사족일 수도 있지만 한마디만 덧붙인다. 우리나라는 교육의 실패를 일소하기 위해서 다른 나라의 좋다는 제도를 충분히 검토하지도 않고 받아들이는 것 같다. 다른 선진국에서 이미 실패를 인정한 열린 교육을 받아들일 때도 우리의 토양과 맞지 않음을 간과했다. 이제 우리나라보다 수학을 못하는 나라로부터 스토리텔링을 받아들이고 있다. 제도의 장점을 부인하는 것이 아니다. 수학을 쉽고 재미있게 하겠다는 것에 반대하는 것도 아니다. 다만 쉽고 재미있게 하기 위해서 수학의 계통을 파괴해서는 안 된다는 말을 하고 싶다. 가르치는 수학 문제를 아무리 쉽게 하더라도 아이들을 성적순으로 줄을 세우려면 평가하는 문제가 쉬울 수는 없다. 또한 수학의 기본이 안된 아이에게 아무리 재미있는 문제를 준다 해도 절대 즐거워 할 리가 없다.

필자가 보기에 아이들이 수학을 어려워하는 것은 문제 자체가 어려워서라기보다, 아이가 어려워하는 지점에 대한 파악과 장기적인 대처가 미흡해서다. 아이가 대학시험을 볼 때까지 적어도 12년을 공부해야 하는데 제도가 아무리 바뀌어도 흔들리지 않도록 기본을 잡아나가야 하겠다.

5

수학을 싫어하는 아이, 어떻게 접근할까?

도대체 누가 수학을 만들었어요?

"누가 수학을 만들었어요?"

"왜?"

"타임머신이 있으면 가서 못 만들게 하려고요."

수학이 싫은 아이들이 장난처럼 하는 말이다. 이런 말을 하는 아이조차 초등학교에 입학할 때 대부분 1.8학년의 실력을 갖추었기에, 오히려 저학년 때에는 수학이 제일 좋다고 말했던 아이들이다. 이처럼 초등학교 3학년 이전에는 많은 아이들이 수학이 좋다고 한다. 그러면 부모님은 수학을 지지리도 못했던 학창 시절을 떠올리며 안도의 숨을 쉰다. 그러나 이런 안도도 잠시 어느 순간 아이는 수학에 대한 거부감을 드러내면서 수학 성적 역시 곤두박질치기 시작한다.

1.8학년 실력으로 들어가 4.2학년으로 졸업하는 아이들

아이는 수학을 좋아해서 잘하는 것이 아니라 잘해서 좋아하는 것이다. 1.8학년 실력으로 들어간 아이가 수학을 쉽다고 하고 좋아하기까지 하는 것은 당연한 결과다. 그러나 졸업할 때는 4.2학년 실력 밖에 안 되기 때문에, 중간에 이미 많은 아이들이 어려워하고 싫어하는 것 역시 당연한 결과다. 그런데 많은 학부모들이 자신은 열심히 하는 데까지 하였지만 아이가 따라주지 않아서 그렇다고 그 책임을 아이에게 돌리는 경우가 많다.

그러나 필자는 중·고등학교와 달리 초등학교에서 아이들이 수학을 어려워하고 싫어하는 것은 모두 부모의 탓이라고 말한다. 초등학교에서는 부모가 학습의 주도권을 쥐고 있기 때문이다. 아이가 연산을 잘하지 못하는 것은 부모가 다른 것을 강조하였기 때문이고, 어려운 문제를 별표만 치고 그냥 넘어가는 것도 그렇게 할 수 밖에 없도록 환경을 마련하였기 때문이다. 수학은 아이가 싫다는 말이 나오지 않도록 하는 것이 최선이다. 그렇다 해도 아이가 이미 싫어한다면 부족부분이 무엇인지 냉철하게 분석하고, 학부모의 생각을 바꾸는 계기로 삼아야 할 것이다.

수학을 싫어하는 이유는 보통 연산이 부족했기 때문이고, 아직 초등학생이라면 이것을 잡아줄 시간은 충분하다. 그런데 아이는 수학이 조금 부족할 때 싫다고 하지 않는다. 싫다고 말로 표현할 쯤에는 2년 정도 부족부분을 안고 있는 것이 보통이다. 연산이 심하게 부족하면 보통 2~3학년에서 싫어하지만, 그렇지 않다면 초등 4학년이나 5학년에 싫다는 말을 할 것이다.

수학의 탈락 시스템

이 시기 아이들은 이미 수학의 탈락 시스템을 갖추었다. 특히 연산에서 부족부분이 있다면 끝내 아이의 발목을 붙들게 될 것이다. 부족부분이 많거나 심할수록 저학년에서 싫어하고 적을수록 고학년에서 싫어한다. 그런데 아이러니하게도 저학년 때 싫어해야 그만큼 부족부분을 메우는 시간이 충분하다는 말이기도 하다.

초등 4학년까지는 자연수의 부족부분을 메울 시간이 확보되지만, 초등 5학년에서는 자연수 부족부분을 메워야 할지 아니면 부족부분을 놔두고도 분수에서 보완이 가능한가를 심각하게 고민해야 한다. 그러나 늦었다고 했던 때가 가장 빠른 때라고 했던가? 그래도 중학교와 고등학교에서 싫어하는 것보다 부족부분을 메우는 시간을 확보할 수 있다는 측면에서 보면 오히려 다행이다.

필자의 경우는 중학생인데 구구단을 하고 분수셈을 하면서 부족부분을 메우는 경우가 많다. 수학은 그것이 언제이건 간에 부족부분이 있다면 반드시 메워야 한다. 수학을 포기하여 20점대인 아이들을 100점을 만드는 일이 필자에게는 특별한 일이 아니다. 그것은 잘 가르치기 때문이 아니라, 때로는 강제로 부족부분을 메우게 하여 아이 스스로 공부할 수 있도록 여건을 조성해주었기 때문이다.

아이가 수학을 싫어하면 당장 학원이나 과외를 통해서 성적을 올리고 자신감을 찾게 하려고 노력하는 경우가 많다. 초등학교나 중학교는 수학이 쉬워서 그렇게 해서도 일시적으로 10~20점 올릴 수는 있다. 그런데 이렇게 해서 자신감을 찾을 리 만무하고 다시 학년이 올라가서 더 어려워지면 다시 같은 일이 반복이 되고 실패 경험만 쌓일 뿐이다. 이 방법은 수학 포기 시점의 연장에 불과하다. 시험을 볼 때마다 5점, 10점을 올리면 언젠가는 잘하게 될 거라는 막연한 생각을 갖게 되는데, 이처럼 성적을 조금씩 올리려 했다가가는 항상 단기 처방에 그쳐서 성공할 수 없다.

　당장은 힘들고 낮은 성적을 감내하더라도 부족부분을 모두 메워서 단번에 90점 이상의 성적을 얻도록 해야만 비로소 탈락 시스템의 굴레에서 벗어날 수 있다.

수학, 머리가 좋으면 나중에는 잘하게 될까?

6살 이전에는 공부 시키지 마라

부모가 아이를 천재로 착각하는 시기가 4~6세 정도인 듯 보이는데, 이 시기의 아이는 생존본능을 위하여 스폰지처럼 습득하기 때문이다. 이때는 귀찮을 정도로 묻는 것도 많고, 또 들은 답을 곰곰이 생각하여 기억하기 때문에 주변 사람들을 놀래키기도 한다. 또한 누나나 형이 하는 공부 내용을 옆에서 듣고는 다음에 기억하는 통에 혹시 이 아이가 천재가 아닌가 하는 착각까지 든다. 이때는 다양한 자극을 주어야 하는데, 욕심이 앞서는 부모는 이때 수학학습지 등 인지학습을 시키려 한다.

강조하건대, 6세 이전에는 절대 수학, 영어, 한자 학습지 등을 시켜서는 안 된다. 다양한 자극의 하나로 기회가 닿을 때마다 알려주는 것이나, 책을 한 권 사주었더니 아이가 스스로 열심히 하여 계속하는 것 등을 막는 것은 아니다. 그러나 그 양이 적다는 이유로 인지학습을 계속 시키는 것은 자칫 과잉학습장애로까지 이어진다. 이런 아이들이 통계로 보면 전국적으로 10만 명이 넘는다.

3~6세에 인지학습을 시키면 사고력이 크게 필요하지 않은 초등 저학년에서 잘하기 때문에 못 느끼지만, 그 폐해가 보통 초등4학년이나 5학년 정도에서 나타난다. 이때도 부모들이 알아채지 못하고 부모를 닮아서 머리가 나쁘다던가 아니면 장남이라서 고지식하다거나 하는 식으로 넘어가는 경우가 많다.

4학년 전후의 아이들

부모님들이 아이의 머리가 또 좋다고 느끼는 시기가 4학년 전후로 보인다. 공부는 하지 않고 행동반경도 넓어지고 노는 데는 머리가 비상하게 발달하여 저 머리로 공부하면 정말 잘하겠다는 생각을 한다. 고집도 그만큼 세져서 부모가 가르치기 힘들어지기에 학원에 보내버린다. 학원에 가서 놀 것을 뻔히 알면서도 급기야는 머리가 좋으니 나중에는 잘하지 않을까란 생각으로 마무리하는 경우가 많다.

잘 노는 아이가 머리가 좋은 것이라는 부모님의 생각이 전혀 근거가 없는 것은 아니나 수학에서는 4학년 전후를 이런 식으로 보내는 것은 치명적이다. 이 시기에 학교에서 배우는 것이 분수이기 때문이다. 만약 분수를 놓치면 아무리 머리가 좋고 나중에 공부를 하려해도 안 되는 경우가 허다하다. 아이의 상황을 정확하게 인지하는 부모가 적어서 올바른 길을 제시해 줄 수 없기 때문이다. 공부를 우습게 아는 것도 문제지만, 공부에 대한 부담감 때문에 강약을 조절하지 못해서는 안 된다. 무조건 많이 하는 것으로 방향을 정하면 전혀 원하는지 않는 결과를 얻게 될 수 있다. 길게 하는 공부, 필요한 것과 더 중요한 것을 걸러내야만 아이와 부모 모두가 공부의 리듬을 탈 수 있다.

수학은 유전적인 영향을 가장 적게 받는 학문

전문가들 중에는 수학을 잘할 수 있는 아이가 정해져 있다는 극히 위험한 발언을 하는 경우가 있다. 대부분 직접 아이를 가르치지 않는 사람이거나, 가르치더라도 잘하는 아이만 뽑아서 가르치는 사람들이다. 머리가 좋지 못하여 잘 못하는 아이를 한 번도 잘하게 만들어준 경험이 없으니 그런 말을 하는 것이다. 심지어는 수학이 안 되는 아이는 빨리 다른 길을 찾는 것도 한 방법이라 한다.

필자의 생각은 전문가들과 다르다. 물론 머리가 좋고 수학적 재능을 갖춘 아이들을 가르치는 것이 수월하다. 그러나 수학은 유전적 영향을 가장 적게 받는 학문이고 올바르게 차근차근했을 때, 90% 이상은 고등학교 수학까지 가능하다. 간혹 아이가 '저, 정말 열심히 하면 잘할 수 있나요?'라고 물어온다. 어디서 무슨 말을 들었기에 이런 생각을 하는 걸까? 단언컨대 열심히 제대로 한다면 기간의 문제지 반드시 고등수학까지는 된다. 교육의 본질은 변화다. 설사 전문가의 말이 맞다 해도 아이가 변화하지 않을 거라는 생각을 갖는 사람이라면 그것이 부모든 전문가든 교육에서 손을 떼는 것이 맞다.

생각하라고 하면 사고력이 길러질까?

아이에게 생각하라고 말하면 사고력이 길러지는 것일까? 이것은 마치 아이에게 공부를 잘하라고 말하는 것과 같이 공허한 메아리에 불과하다. 아마도 부모가 공부 잘하라고 잔소리한다고 해서 잘할 수 있다면 공부를 못하는 아이는 없을 것이다. 어찌되었든 많은 사람들이 사고력을 중요시하기 때문에 아이가 생각하는 것 자체에 의미를 부여한다. 그래서 부모나 선생들이 문제를 풀리며 아이에게 생각하라고 윽박지르다가도, 아이가 "생각 중이에요."라고 말하면 거친 숨을 삼키고 잠시라도 기다려 준다.

아이는 무슨 생각을 하는 것일까? 정말 생각을 하기는 하는 걸까? 사실 시간이 지난 후에도 아무 대답도 나오지 않은 아이의 대부분은 '멍 때리기'를 하는 중이었다. 똑똑한(?) 아이들이 '생각 중'이라고 말하면 그래도 얼마간의 시간을 번다는 것을 알고 있기 때문이다. 아이를 비난할 일은 아니다. 아이는 부모로부터 '잘 읽어보라'는 말 이외에는 달리 생각하는 법을 배운 적이 없다. 무조건 생각하라면 생각을 할 수 있는 것인가? 아이가 무엇을 생각해야 할지, 어디서부터 생각해야 할지를 모르는데 이것을 가르쳐본 적도 없지 않은가?

연산에 치중하면 사고력이 떨어질까?

많은 사람들이 연산보다 사고력이 중요하다는 말을 한다. 심지어 연산 때문에 아이들이 생각하는 힘을 잃게 되었다고 말한다. 물론 일정부분 인정한다. 연산은 최종적으로 빠르게 해야 하는데 그 과정에서 잘못 유도하게 되면 생각하지 않으려는 경향을 보일 수도 있다. 그렇다고 이렇게 연산력과 사고력을 이분법적으로 구분해서는 안 된다. 간혹 사람들이 필자를 연산이나 개념만 강조하는 사람으로 알고 있는 경우가 있는데 필자도 사고력이 가장 중요하다고는 생각한다. 사실 수학이 궁극적으로 추구하는 것은 사고력임을 누구도 부인 할 수는 없다. 다만 사고력을 기르기 위해서 연산은 필수다.

대부분 부모들은 문제집에 나와 있는 연산을 조금 하고는 곧장 어려운 문제 풀이로 넘어간다. 어려운 문제를 풀다 보면 부족한 연산도 채워지고 사고력도 길러지며, 그 밖에도 수학에서 필요한 것들을 모두 습득하리라 보는 것이다. 이 방법이 부족하다 싶으니 이번에는 문제집의 종류를 다양하게 하여 그 권수를 늘린다. 이렇게 아이의 지옥훈련이 시작된다. 물론 당장 학교시험은 잘 보겠지만 10년간 계속 지속된다고 생각해 보자. 이겨낼 수 있는 아이는 과연 몇이나 될까? 설사 이겨낸다 해도 연산이나 개념, 사고력이 길러졌는가는 여전히 미지수다.

(연산력) ⇨ (개념습득) ⇨ (사고력)

　사고력이 중요하다고 언급하는 사람 중에 어떻게 하면 사고력을 기를 수 있다고 로드맵을 말하는 사람을 본 적이 없다. 그러니 부모는 문제집을 풀리는 방법밖에 없다. 어려운 문제를 풀면서 사고력을 길러 가다보면 저절로 연산이나 개념을 습득할 수 있다고 생각하기 때문이다. 그러나 여러 문제 중에서 공통점을 추출해낼 수 있는 소위 1%의 아이를 제외하고는 이 방법은 효과가 없다. 아이가 문제의 유형만 외우려들기 때문이며, 그나마 문제의 유형도 시간이 지나가면 대부분 잊혀지기 때문이다.

　사고력이 중요하다고는 하지만 아이는 과정에 있기 때문에 하나하나 순서를 밟아야 한다. 설사 연산력을 기르다가 잘못하여 다소 부작용을 유발하더라도 연산력을 따로 길러주어야 하고, 중간중간 별도로 개념도 길러주어야 한다. 개념을 길러주는 것이 아이의 생각에 단초를 제공하는 것이고, 이 단초로 생각을 시작하여 그토록 원하는 사고력에 이르게 할 수 있는 것이다.

　이 과정에서 연산력이 뒷받침되지 않는다면 설사 사고력을 갖추었다 해도 그 빛을 잃게 된다. 연산력이나 개념의 뒷받침 없이 사고력을 기르는 것은 마치 팔의 힘만으로 절벽을 기어오르라고 말하는 것과 같다.

고등수학 문제, 어마어마한 사고력을 요구할까?

학부모들이 아이에게 어려운 문제를 풀리는 이유는 나중에 고등학교에서 어려운 문제가 나온다는 두려움 때문이다. 그런데 정말 고등학교의 수학 문제는 사고력이 많이 요구되는 어려운 것일까? 초등 5~6학년에게 고1의 아이들이 자주 틀리는 소위 어려운 문제를 물어본 적이 있다. 다만 초등생들이니 문제의 수식을 필자가 우리말로 고쳐서 물어보면 '정말 고등학생들이 이런 것을 어려워해요?'라며 아주 쉽다는 반응이다.

필자가 보기에 초등 5~6학년이면 이미 고등학교 수학 문제를 풀만한 사고력을 갖추었다고 본다. 그럼에도 불구하고 수포자가 양산되는 이유는 사고력 자체가 문제가 아니라, 초·중학교에서 고등학교에 들어가기까지 개념을 통하여 수식을 바라보는 힘을 기르지 않았기 때문이다. 초등생에게 필자가 말로 풀어서 설명하였듯이 고등학생 스스로 문제에 나와 있는 수식을 이해하였다면 어려워하지 않았을 것이다.

뜬구름잡기처럼 사고력에 집착하는 대신 초등학교에서는 무조건 연산을 완벽하게 해 주자. 그래서 아이가 자신감을 불러일으킬 정도의 실력을 갖추어야 한다. 앞으로 배워야 할 수학의 모든 연산은 초등연산이 거의 전부이기 때문이다. 연산이 끝난다면 그만큼 배워야 할 분량이 줄어드는 것이며, 개념과 수식을 바라보는 힘에 집중할 수 있게 된다. 수능수학에서 2~4개 정도의 문제는 항상 변별력을 위하여 여러 가지 개념의 혼합으로 사고력과 집중력을 요구하는 소위 킬러문제다. 이런 문제들조차 각 개념의 정확성과 빠르기, 그리고 집중력을 요구한다. 중학교 1학년이라면

6년간 이 방향에 맞추면 될 것이다. 그러나 아이가 초등학생이라면 아직 연산과 기본 개념 습득에 주력해야 할 시기다.

초등수학은 연산에 집중하라

초등수학의 개념은 0과 자연수, 분수 등 수의 의미와 +, −, ×, ÷, =, >, <, ( ) 등 기호의 의미에 개념이 있다. 수나 이들 기호들의 의미는 마치 배우지 않아도 될 것처럼 쉬워 보인다. 그래서 실제로 집중해서 가르쳐주지 않는다. 그 결과 아이들이 혼동하는 것 대부분이 개념이다. 가르쳐야 될 때 가르치지 않으면 아이의 머리에 공란으로 남는 것이 아니라, 오개념으로 가득 차게 되어 수정의 어려움이 가중된다. 게다가 아이가 생각하게 하려면 우선 생각의 출발점인 개념을 심어주어야 하는데, 개념을 다룬 것이 필자의 책 『초등수학개념사전 62』가 지금은 유일한 책이다. 이 책을 아이와 함께 보면서 대화의 수단으로 삼기 바란다.

개념을 깊이 있게 다루면 중·고등수학에 이르기에 부모로서도 쉽지 않다. 그러나 그러기에 더더욱 배워야 한다. 단언컨대 수학 문제 풀이의 목적은 개념 습득에 있다. 이들 개념을 습득하고 문제 풀이과정에서 이 개념들이 어떻게 활용되는지를 알아야 한다. 그리고 그 문제 풀이의 결과가 최종적으로 머릿속에 남는 유일한 개념이 될 것이다. 개념이 머릿속에 없는 상태에서 문제만 풀면 문제의 유형이나 기술만 남는데, 이것마저 자칫 단기간의 학교시험 이후에 모두 잊혀져서 장기적으로 무의미한 노력이 될 수 있음을 경계해야 한다.

2부

초등수학,
우리 아이의 약점을
찾아라

1

아이의 특성이 아니라 수학의 특성에 맞춰라

아이들은 천차만별이다. 그래서 많은 사람들이 아이의 특성에 맞춰서 공부시키는 것이 좋다고 생각한다. 학원에 가서 아이들끼리 경쟁하는 것이 효과적인 아이도 있고 집에서 학습지로 가르치거나 엄마와 함께 하는 것이 효과적인 아이도 있다. 전문가들 역시 특성에 맞추라고 한다. 그런데 어떻게 가르칠지 역시 어렵다.

학원을 보내자니 단기적으로는 편하고 좋을 것 같기는 한데 장기적으로 스스로 공부하는 힘을 빼앗긴다 하고, 학습지를 시키자니 아이가 밀리고 매번 챙겨주기가 힘들다. 엄마와 함께 하자니 단순히 힘든 것이 문제가 아니라 언성이 높아져 아이와의 관계가 나빠질까 우려된다. 마치 주변이나 전문가들 말이 모두 맞는 말처럼 보이기에 더 혼동된다. 이처럼 아이의 특성에 맞추어 공부를 시킨다는 전제를 두면 그 방법이 너무도 많아서 올바른 기준을 세우기가 어려워진다. 고려해야 할 변수가 너무 많고 아이의 특성 역시 계속 변하고 있어서 맞춤공부를 시키는 것은 불가능에 가깝다. 그래서 필자는 아이의 특성이 아니라 수학의 특성을 먼저 고려하라고 한다. 기준을 변하지 않는 것에 두어야 계획과 행동에서 방향성을 잃지 않기 때문이다. 아이가 배워야 할 내용이나 수학의 특성은 앞으로도 변하지 않는다.

아이가 잘되려면 아이의 특성에 맞추는 것이 맞다. 그래서 수학을 할 것인지 말 것인지는 아이의 특성에 맞추는 것이 맞다. 그러나 수학을 잘해야겠다고 결정하였다면 같은 논리로 수학의 특성에 맞춰야 한다. 아이가 잘 되기 위해서 수학을 아이에게 맞추면 되겠지만, 수학이 개별 아이에게 맞춰질 만큼 발전이 이루어지지 않았기 때문이다. 단적인 예로 놀기를 좋아하는 아이의 특성에 맞춰서 놀면서 수학에서 필요로 하는 연산력을 갖출 수 있다면 좋겠지만, 상황이 여의치 않다면 학습지든 주산이든 강제로라도 연산을 강화시키는 작업을 해야 한다는 것이다.

수학은 추상성, 불가역성 등 전문적으로 보이는 특성들이 있지만, 이를 간단히 말하면 제 학년에서 필요로 하는 것을 반복하여 제때에 완성해 주어야 한다는 말이다.

좋은 대학이 목표라면
결국 초등수학의 최종 목표는 고등수학

목표가 좋은 대학이라면 초등수학의 목적은 단연코 고등학교에서 수학을 잘하는 것이다. 자질구레하게 초등학교에서 필요한 것을 논하기 전에 큰 틀에서 초등수학을 보는 것이 필요하다. 전체적으로 볼 때 초등수학의 목표는 연산에 있고, 중학수학은 수식을 바라보는 힘에 있으며, 고등학교는 그동안 배운 것을 바탕으로 수식의 확장이라 했다. 기본인 연산을 별거 아닌 거라고 치부하고 사고력, 문장제 등의 확장에만 매달리는 것은 전략의 실패다.

초·중학교에서도 수학을 포기하지만 그런대로 해나가던 아이가 최종 포기하는 것은 고등학교 1학년이다. 고1 인문계 60%가 수학을 포기한다. 초등학교와 중학교의 수학공부는 고1에서 아이가 수학을 해나갈 수 있도록 하는데 있다. 수학이 요구하는 정확도와 빠르기를 현재 학년이 아니라 고1에 맞춰야 한다는 것이다.

그런데 앞서 언급한 말 중에서 아이의 특성이 바뀐다는 말에 '정말 바뀌나?'하며 의아해하시는 분들이 있다. 그러나 진정한 교육자는 아이들을 변화시킬 수 있다고 믿는다. 아이가 공부하는 것도 변화하려는 것이며, 아이보고 공부를 해라 말하는 것도 변화를 요구하는 것이다. 가르치기 힘든 이유가 바로 아이의 변화를 이끌어 내야 하기 때문이다. 그런데 가르치는 사람이 손가락으로 가리키는 방향을 보는 것이 아니라 가리키는 사람을 본다. 가르치는 선생님이나 부모님은 변하지 않으면서 아이에게만 변하라는 것은 말이 안 된다.

간혹 우리 아이는 이런 특성이 있으니 감안하여 가르쳐달라는 요구를 하는데, 이럴 때 필자는 수학의 특성과 다르다면 거부를 한다. 장기적으로 아이의 특성을 수학의 특성에 맞추어 변화시키지 않고 수학을 잘하게 할 수 없기 때문이다.

초등수학, 지금 당장 무엇이 필요한가?

많은 학부모들은 아이가 초등학교 4학년만 되어도 가르치기 어려운 문제가 나온다며 '내가 배울 때하고는 꽤 다르다'는 말로 자신의 책임을 회피하려 한다. 직접 가르치기를 포기하고 학원이나 학습지에 의존하는 것이 다음 수순이다. 그 후로는 아이가 무엇을 배우고 있는지 잘 따라 하는지도 모른다. 기껏 묻는 것이 학교 수업은 잘 따라 가냐, 그 학원 잘 가르치냐, 학습지는 다 풀었냐 정도다. 그러다 점수가 안 나오면 학습지나 학원을 탓하다가 결국 열심히 하지 않은 아이에게 화살이 날아간다.

그 다음 순서는 무엇인가? 아이를 다그쳐 문제집을 통째로 풀게 한다. 약점에 관계없이 전 학년 과정의 문제집을 통째로 복습하게 한다. 그러면 충분히 잘 하는 부분이나, 보충이 많이 필요한 부분이나 똑같은 비중으로 풀게 된다. 이처럼 많은 아이들이 '적기'에 '적합한 것'을 배우고 있는지에 대한 체크 없이 공부를 하고 있다.

수학 문제는 모두 도움이 된다는 생각 때문에 엉뚱한 곳에서 아이의 시간을 낭비할 수는 없다. 부모는 최소한 아이의 현재 실력과 필요한 것이 무엇인지, 무엇을 배우게 해야 하는지를 알아야 한다. 아이의 현재 위치를 파악하기 위해서는 실력 테스트가 최우선이다. 이 책에서 제공하는 테스트지를 적극 활용하여 부족부분이 무엇인지, 부족하다면 얼마나 부족한지 데이터를 근거로 구체적으로 알아야 한다.

초등학교 때 부족부분이 얼마나 크겠냐 싶겠지만, 현재 부족부분이 훗날 커다란 위험이 될 수 있음을 기억한다면 마냥 여유롭진 못할 것이다. 아이가 덧셈, 뺄셈을 못하면 반드시 하게 하고, 구구단을 못하면 구구단을 외우도록 시키고, 분수셈을 못하면 분수를 공부하게 해야 한다. 연산이 필요한 아이에게 문장제를 가르치거나, 확장문제나 문장제를 가르쳐야 할 아이에게 연산만 가르친다면 가르친 만큼 독이 될 수 있다. 항상 내 아이에게 '지금 당장 무엇'이 필요한가를 알아야 한다.

물론 부족부분을 알았다 해도 이를 메우는 일이 만만치 않다. 학습지의 경우 부족한 아이를 위해서 만들어진 것이 아니라 순차적으로 공부할 수 있도록 만들어진 교재다. 학습지를 통해 부족부분을 해결하려 하면 해당하는 곳만 발췌해서 가르쳐야 한다. 이것이 가능한 학습지 선생님을 만날 수 있는지도 의문이지만, 부모가 아이의 부족부분을 알고 상담이 가능해야 한다. 학습지 선생님과 아이의 실력을 모르면 무용지물이다.

학원의 경우는 본래 취지가 선행학습이니 부족부분을 채워주지 못한다. 기껏 부족부분에 해당하는 문제를 숙제로 내주는 방법밖에 없기에 체계적인 방법으로 부족부분을 다루기 어렵다. 따라서 학원에 보낼 때는 다소 힘들더라도 부족부분을 별도로 메우고 나서 보낼 것을 권한다.

3

4, 5, 6학년의 암산력과 빠르기 테스트(부록 활용법)

이 책의 부록에 있는 수학 테스트는 4학년, 5학년, 6학년의 암산력과 빠르기를 테스트할 수 있도록 되어 있다. 4학년이라면 암산력, 빠르기, 4학년 테스트지를 순서대로 풀면 되고, 5학년이라면 암산력, 빠르기, 4학년, 5학년 테스트지를 순차적으로 풀면 된다. 6학년이라면 처음부터 차례로 전부 다 풀면 된다.

암산력과 빠르기의 테스트는 초등 고학년에게 쉬워서 100점이 나올 것이다. 정확도가 아니라 시간을 체크하기 위한 것이기에 정확히 시간을 재야 한다. 암산력과 빠르기는 문제가 단순하고 별거 아니라 생각하기 쉽지만 수학에 미치는 영향은 크다. 자연수의 확장에서 몇 개의 개념만 깨우쳐서 당장 점수가 올라가는 것보다 훨씬 중요하다. 왜냐하면 개념은 언제든지 다시 할 기회가 있지만 부족한 빠르기는 두고두고 후회를 남기고 대책이 없기 때문이다. 이 부분이 심각하다면 당장 해결해 주어야 한다.

부록의 테스트 문제는 까다롭거나, 어려운 문제를 다루어 아이의 약점을 드러내기 보다는 최소한 해당 학년에 길러 주어야 할 개념을 담고 있다. 개념을 공부해온 아이라면 어렵지 않게 풀 수 있으나 그렇지 않은 아이는 어려워 할 수 있다. 그런데 학기별로 다루지 않고 전 학년 과정을 다 담았기에, 해당 학년의 과정을 아이가 아직 다 배우지 않았다는 전제 하에 진행해야 한다. 점수에 연연하기보다 해당문제의 개념을 알고 있는지에 대해 평가해야 한다. 그래서 배점을 적어 놓지 않았다. 다만 문제를 풀 때는 어떠한 힌트를 주어서도 가르치려고 해서는 안 된다.

테스트를 한 후 아이가 결과에 대해 인정하지 않고 다시 풀어보겠다거나 실수였다고 해도 이를 인정해서도 안 된다. 수학에서 실수란 없다. 모든 것이 실력일 뿐이다.

암산력 테스트

해답

01. 15	02. 19	03. 12	04. 23
05. 22	06. 22	07. 23	08. 20
09. 27	10. 19	11. 7	12. 8
13. 2	14. 7	15. 5	16. 16
17. 9	18. 7	19. 8	20. 8

암산력은 거의 대부분 3학년에서 완성된다. 5학년 분수의 사칙계산을 할 때 암산을 시키면 연습이 되어서 일부 빨라지지만, 그렇지 않은 경우

이 빠르기로 중·고등학교는 물론 평생을 간다. 따라서 다음 기준은 4~6학년에게 공통으로 정하여도 무방하다.

1학년 아이가 40초 이내가 나왔다면 암산력은 되어 있는 것이다. 1분 정도 나왔다면 당장은 괜찮지만 보충해 주어야 한다. 그렇지 않으면 점차 어려워하게 될 가능성이 있다. 1분 30초 이상이면 꼼꼼해서 느린 아이를 제외하고는 당장 수학을 싫어할 가능성이 크다. 2분이 넘으면 3~4학년에서 이미 못버틸 가능성이 농후하다. 게다가 오답까지 나왔다면 더 늦기 전에 어느 학년이든지 반드시 메워 주어야 한다.

빠르기 테스트

해답

01. 144	02. 525	03. 522	04. 172
05. 275	06. 306	07. 312	08. 272
09. 616	10. 216	11. 7...3	12. 13...5
13. 13...2	14. 11...4	15. 8...8	16. 17...4
17. 128	18. 114	19. 120...3	20. 107...3

1분~1분 30초 안에 들어간다면 앞으로 중·고등학교에서도 수학이 느려서 고민이라는 말은 듣지 않을 것이다. 그래도 2분 안에 들어가는 정도면 메워 줄 필요가 없이 진도를 나가면서 보강해 주어야 한다. 2분~2분 30초 정도면 5학년에서는 심각하게 고려해봐야겠지만, 적어도 4학년에

서 중학교까지 남은 시간을 고려하여도 메워 주어야 하고 메워 줄 시간도
있다. 3~4분이 넘고 오답도 있다면 설사 6학년일지라도 부족부분을 메워
주어야 한다.

4학년 테스트

해답

01. (1) 10 (2) 2. '어떻게 하면 같아질까?'를 생각하는 등식의 성질을 묻는 문제다.

02. 1억(100,000,000)원. 큰 수에 대한 감각을 묻는 문제다.

03. (1) 1 (2) 0. 1과 0의 성질을 묻는 문제다.

04. 5, 5. 수를 분해하고 다시 곱을 해서 처리할 수 있는 수의 운행능력을 묻는
문제다.

05. 10cm. 가로의 길이와 세로의 길이의 합은 전체 둘레의 길이의 반이다. 그림
을 그려서 문제를 해결하거나 머릿속에 사각형의 그림이 그려지는가를 묻는
문제다.

06. (1) 8. 등식의 성질과 1의 성질을 같이 묻는 문제다. (2) 23. 혼합계산 순서를
묻는 문제다.

07. 5050. 1+2+3+⋯+98+99+100에서 더하는 순서를 바꾸어 (1+100)+
(2+99)+(3+98)+⋯+(50+51)=101×50=5050. 같은 수의 덧셈을 곱셈으
로 만들어 주는 문제로 이 문제는 4학년에서 반드시 개념을 잡아 주어야 하
는 문제다.

08. 8, 7. 각각의 수를 차례로 계산하여 구할 수도 있지만 ÷2÷2÷2가 ÷8과

같다는 것. 역으로 ×2×2×2가 ×8과 같다는 것을 알려주는 문제다.

09. 45. 삼각수의 문제다. 7번과 연속선상에서 개념을 이해시켜야 한다.

10. 120. 크고 작은 두 막대로 설명하면 쉽다. 큰 막대는 작은 막대보다 40이 크다. 두 막대의 합인 200에 40을 더하면 큰 막대 두 개의 길이가 된다. 따라서 (200+40)÷2=120

11. 2장. 문제를 읽어보면 결국 20장으로 9명에게 몇 장을 나누어 줄 수 있는가를 묻는 문제다.

12. (1) 6, 2 (2) 5, 3, 2. 나누기의 의미를 묻는 문제로 숫자를 바꾸어 12÷6=2 처럼 쓰면 안 된다.

13. 4. (67−□)÷7이 나누어 떨어지게 하는 수를 구하는 문제다. 이 수는 4, 11, 18, …, 60이지만 가장 작은 수를 물었기 때문에 답은 4다. 4학년에서 이런 문제를 해결해 놓지 않으면 5학년 약수와 배수에서 고생한다.

14. 56분. 많은 아이들이 63분이라고 답을 쓴다. 통나무를 9도막으로 자르려면 8번 잘라야 한다.

15. 16개. 올림수에 대한 문제다. 6×13÷5=15...3에서 모두 앉아야 하니까 16개의 의자가 필요하다.

16. 150. 분수의 뜻을 물어보는 문제다. 분수란 분모만큼 나누어 분자만큼 표시한 수다. 따라서 식은 250÷5×3=150이다. 이를 가르치기 어렵다고 손쉽게 분수의 곱하기로 가르쳐서는 얻는 게 적다.

17. ②. 세 변의 길이가 삼각형이 만들어지기 위해서는 한 변이 나머지 두 변의 길이의 합보다 같아도 안 되고 작아야 한다. 이렇게 설명하니 복잡해 보이지만 선을 그어 보면 쉬운 문제다. 모른다면 아이가 안 해봤을 뿐이다.

18. 9송이.

19. 4개. 육각형을 직접 그리고 대각선을 그리면 된다. 도형은 이처럼 자르는 연습을 해야 5학년 도형의 넓이를 해결한다.

20. ①. 평행의 개념을 묻는 문제다. 도형에서 평행은 중학교 유클리드 수학의 중요한 한 축이다.

4학년 초반이라면 아직 중학교까지 3년이란 시간이 있다. 암산력과 빠르기가 부족하다면 다 해주고 지나갈 수 있는 시간이다. 암산력을 기르고 덧셈과 뺄셈의 확장, 곱셈과 나눗셈으로 빠르기, 자연수의 확장과 문장제, 분수의 개념, 분수의 사칙계산, 분수의 확장, 도형까지다. 빠듯하겠지만 전부 할 수 있는 시간이다. 4학년말이라면 암산력이 형편없지 않는 한 주어진 시간이 많지 않아, 빠르기를 위한 곱셈, 나눗셈을 일부 공부할 시간밖에 없다. 4학년에서 암산력과 빠르기가 되어 있다면 4학년 테스트에서 문제를 많이 틀린다 해서 크게 걱정하지 않아도 된다. 테스트 문제는 대부분 자연수의 확장인 수 감각과 운행 능력을 묻는 문제였다. 5학년이 될 때까지 필요한 문제만 뽑아서 가르치면 된다.

5학년 테스트

01. 3개. 3으로 나누어진다는 것은 3의 배수를 말한다. 따라서 3으로 나누어지고 5로도 나누어지는 것은 3과 5의 공배수이고 이는 15의 배수다. 50까지

의 자연수 사이에 있는 15의 배수를 $15, 30, 45$라고 구해도 되지만 $50 \div 15$ 를 통해서 구해도 된다.

02. 38. 어떤 수를 5로 나누어 3이 남는다는 말은 5의 배수에 3을 더한 수다. 결국 5와 7의 공배수들에 3을 더한 수 즉 $38, 73, 108\cdots$ 등인데 가장 작은 수라 했으니 38이다.

03. $8, 12, 24$. 어떤 수로 125를 나누면 5가 남는다는 말은 125에서 5를 빼면 나누어 떨어지게 된다는 말이다. 따라서 120과 168의 공약수를 구하여야 한다. 공약수는 최대공약수의 약수이다. 최대공약수 24의 약수는 $1, 2, 3,$ $4, 6, 8, 12, 24$이다. 그런데 이 수로 나누면 나머지가 5나 6이 나와야 하기 에 6보다 큰 $8, 12, 24$가 답이다.

04. (1) $\frac{2}{3}$ (2) $\frac{2}{3}$ (3) $\frac{3}{7}$ (4) $\frac{4}{13}$ (5) $\frac{3}{4}$. 소수인 17을 연습하지 못했다면 풀지 못할 것이다.

05. (1) $2\frac{2}{3}$ (2) $\frac{8}{15}$ (3) $2\frac{5}{6}$ (4) $2\frac{5}{6}$ (5) $3\frac{11}{24}$ (6) $3\frac{1}{3}$ (7) 7. 아이가 1,375를 $1\frac{3}{8}$으로 고치던가? (8) $6\frac{5}{11}$. 통분을 한다든지 한참 돌아서 문제를 푼다 면 분수개념이 아직도 흔들리고 있다는 것이다. (9) $2\frac{2}{3}$ (10) $3\frac{31}{36}$

06. $1\frac{1}{2}L$. 어제까지 $4L$의 $\frac{5}{8}$를 사용하였으니 남은 간장은 $4L$의 $\frac{3}{8}$이다. 그런 데 식을 $4 \times \frac{5}{8}$를 쓰거나 $4 - \frac{5}{8}$를 쓰는 것은 곱하기와 덧셈의 개념이나 용 어가 혼동되어 나머지 처리를 하지 못하기에 생기는 현상이다.

07. $3\frac{9}{10}$. 잉여정보문제다. 항상 그렇지만 $3\frac{27}{30}$처럼 약분을 안 해도 맞다고 해 서는 안 된다.

08. $3\frac{5}{12}$. 10에서 각각을 빼도 되지만 두 분수를 더하여 빼도 된다. 즉 $10 - 2\frac{3}{4} - 3\frac{5}{6} = 10 - (2\frac{3}{4} + 3\frac{5}{6}) = 10 - 6\frac{7}{12} = 3\frac{5}{12}$

09. $1\frac{3}{8}\,m$. '반'이란 개념은 흔히 나오면서 한번 잡아주지 못하면 헷갈릴 수 있다. 이를 ÷2나 $\times\frac{1}{2}$ 과 같다는 것을 알려주는 문제다. 그런데 반의 반이라고 했으니 $\frac{11}{2}\times\frac{1}{2}\times\frac{1}{2}=\frac{11}{8}=1\frac{3}{8}\,m$

10. 2, 3(차례대로). 이 문제는 곱해서 6이 되고 두 수의 차이가 1이 되는 수를 묻는 문제다. 간단한 분수의 덧셈과 뺄셈을 암산하지 못하는 아이에게 어려울지도 모른다.

11. $28cm$. 도형에서 계단 모양 부분의 변을 잘라서 옮겨보면 직사각형이 되는 것을 알 수 있다.

12. (1) $44cm^2$. 사다리꼴로 문제를 보면 풀지 못한다. 두 개의 삼각형으로 보고 '밑변과 높이가 같으면 넓이는 모두 같다'라는 개념이 있어야 풀 수 있다.

    (2) $57cm^2$. 삼각형의 넓이에서 작은 사각형의 넓이를 빼면 된다. 혹시 129가 나왔다면 삼각형의 넓이를 잘못 구한 것이다.

13. $5\frac{1}{4}$ 시간. 2시간 반을 2시간 30분으로 보고 다시 $2\frac{1}{2}$ 시간으로 고치지 못하면 풀지 못한다. 이처럼 연산을 하려면 기준이 되는 단위가 같아야 한다는 개념의 문제다.

14. 1700원. (3000+400)÷2=1700

위 문제 중에서도 5번 분수의 사칙연산을 잘하느냐 못하느냐가 다른 어떤 문제를 풀 수 있느냐보다 중요하고, 이것을 채워 주는 데 오래 걸린다는 것을 알고 있어야 한다.

5학년은 중학교까지 2년이 남은 시점이다. 심각하지 않는 한 암산력과 빠르기부터 길러 줄 시간이 없다. 곧장 분수로 진도를 잡아야 한다. 분수의 사칙연산을 최우선 순위에 놓고 이를 튼튼히 해야 한다. 그 이후 부족한 자연수의 확장 부분을 시켜주고 다시 분수의 확장 부분으로 진도를 바꾼다. 그리고도 시간이 남으면 도형 부분을 해준다. 기본적인 분수의 연산을 순서대로 튼튼히 밟아서 나가야 한다. 분수만 잘되면 5학년은 물론 6학년 수학은 쉽다.

6학년 테스트

해답

01. (1) $1\frac{7}{8}$ (2) $5\frac{1}{6}$ (3) $1\frac{1}{2}$ (4) $\frac{2}{3}$ (5) $1\frac{4}{5}$ (6) $2\frac{1}{18}$ (7) $5\frac{2}{5}$ (8) $11\frac{5}{11}$

(9) $1\frac{3}{5}$ (10) $200\frac{2}{3}$ $(151+149)=200$

02. (1) 7 (2) $\frac{3}{10}$. $-\frac{1}{3}+\frac{1}{3}-\frac{1}{4}+\frac{1}{4}=0$이다. 따라서, $\frac{1}{2}-\frac{1}{5}=\frac{3}{10}$

03. >. 가에 대한 나의 비는 $\frac{나}{가}$인데 99%를 수로 바꾸면 0.99이다. 이는 1보다 작은 수이고 분수에서 1보다 작으려면 진분수이고 분모가 큰 수라야 된다.

04. 36권. 기준이 50이고 비가 72%니 수로 바꾸면 0.72나 $\frac{72}{100}$인데 이중에서 분수가 계산하기에 편하다. 따라서 $50\times\frac{72}{100}=36$

05. 90개. 많은 아이들이 89개라고 한다. 1부터 99까지가 99개이니 1부터 9까지의 개수 9개를 빼면 90개다. 또는 99−10하면 10이란 숫자를 뺏으니 다시 1을 더하면 즉 99−10+1=90이다.

06. (1) 2 : 5 (2) 1 : 12 (3) 5 : 12. (2 : 8) : (9 : 15)= $\frac{1}{4}:\frac{3}{5}$ = 5 : 12

07. (1) $x\times7=6\times5$ (2) $x:3=7:5$. 비례식의 성질로 방정식을 만드는 것은 아이들이 많이 하나 방정식을 비례식으로 만드는 것은 낯설어 할 것이다.

08. $3:2$. 가 톱니바퀴가 최소공배수인 36이 되려면 3바퀴를, 나 톱니바퀴는 2바퀴를 돌아야 한다. 최소공배수를 직관적으로 구해서 풀지 못한다면 방정식을 비례식으로 바꾸는 7의 (2)번과 같은 식이 필요하다.

09. 1440원. 이 문제는 비례식$(5:2400=3:x)$으로, 분수의 개념$(2400$의 $\frac{3}{5})$으로, 아니면 공책 한 권의 값을 먼저 구하는 문제로 바꿔서 풀 수 있다.

10. $6:27:10$. 최소공배수 문제다.

11. $A:3500\ B:2500$. 비례배분 문제다. $7:5$로 나누기 위해서는 기준을 12로 나누어서 각각 $\frac{7}{12}:\frac{5}{12}$ 즉 6000원의 $\frac{7}{12}$와 6000원의 $\frac{5}{12}$로 구한다.

12. 9개. 10의 자리에 올 수 있는 수의 가짓수는 0을 제외한 3가지, 1의 자리에 올 수 있는 수는 10의 자리에서 한 개를 사용했으니 3가지다. 그런데 10의 자리수 한 수마다 1의 자리수가 오기 때문에 같은 수의 덧셈인 곱하기를 사용할 수 있다. 즉 $3\times3=9$이다. 여기서 수형도를 이용하여 반드시 곱하기가 이루어지는 것을 이해시켜야 한다.

13. 12가지. 회장은 4명중에 한 명이니까 경우의 수로는 4가지, 부회장은 회장 한 명을 뽑고 나서니 3가지의 경우가 있다. 따라서 $4\times3=12$.

14. 6가지. 13번 문제와 동일하나 청소당번은 순서가 없어서 다시 2를 나누어 주어야 한다. 즉 $4\times3\div2=6$ 이처럼 12~14번까지는 모두 같은 유형이다. 이들의 공통점을 알도록 해야 한다.

15. $\frac{1}{2}$. $\frac{3}{4}\times(1-\frac{1}{3})=\frac{1}{2}$

16. $2200m$. $(1-\frac{9}{11}):400=1:x$, $\frac{2}{11}\times x=400$, $x=400\times\frac{11}{2}=2200m$. 6학년 분수가 요구하는 것이 여기까지다. 이 문제를 풀기 위해서는 나머지 처리능력은 물론 전체를 1로 보는 것, 그리고 비례식을 방정식으로 만들어

풀기까지를 요구한다.

17. $2\frac{2}{5}$시간. 갑이 한시간에 $\frac{1}{4}$을 하고 , 을은 $\frac{1}{6}$을 하니 함께 일을 한다면 한 시간에 $\frac{1}{4}+\frac{1}{6}$ 즉 $\frac{5}{12}$씩 한다. 전체를 다하려면 $1\div\frac{5}{12}=\frac{12}{5}=2\frac{2}{5}$

18. $157cm^2$. 전체 원을 몇 등분했건 색칠한 부분은 원의 넓이의 반이다. 따라서, $10\times10\times3.14\times\frac{1}{2}=157$

19. $1884cm^2$. 원기둥의 옆면을 펼쳐서 만들어지는 직사각형의 가로의 길이는 원의 둘레와 같다는 것을 알려주는 문제다. $2\times10\times3.14\times30=6\times314=1884$

20. $8cm^3$. 모든 부피는 (밑넓이)×(높이)이다. $(2\times2)\times2=8$

6학년은 중학교에 들어가기 전까지 1년 남았다. 1년이면 암산력이나 빠르기를 해줄 수도, 다른 것을 신경 쓸 시간적인 여유도 없다. 자연수의 빠르기나 확장이 안 되면 수학을 어려워하는 수준이지만, 만약 분수를 못하고 중학교에 가면 열심히 해도 안 된다. 곧장 분수부터 공부하고 분수의 확장을 공부해야 한다. 1년이 아니라 단지 몇 개월이 남았다 해도 최우선으로 체크할 부분은 분수의 사칙계산을 할 수 있느냐이다. 그런데 암산력과 빠르기가 심각한 수준이어서 분수가 되지 않는다면 중학교 수학을 포기하고 차곡차곡 할 것인지를 심각하게 고려해야 한다.

분수의 사칙 혼합계산이 잘 된다면, 중학교 예습은 12월이나 1월부터 시작해도 늦지 않으니 그 이전의 시간을 확보하여 분수의 확장이나 문장제 문제, 도형문제를 신경쓰면 된다. 설사 도형이나 문장제를 어려워하더라도 이 부분을 잊지만 않는다면 중학교로 올라가서 해도 된다.

약점 테스트 이후에는 부족부분을 메워주는 것

전적으로 테스트를 통해야겠지만 약점을 알았다면 우리 아이의 현재 위치에 따른 학습과제를 찾아서 반드시 메워 주어야 한다. 테스트 결과로 나타나는 복잡한 상황을 보다 크게 구분하면 세 가지로 구분할 수 있다. 첫째, 수 연산이 부족한 경우, 둘째, 수 운행능력을 바탕으로 한 응용문제나 문장제가 부족한 경우, 셋째, 도형 파트가 부족한 경우다.

수 연산이 부족한 경우는 학원이나 다니며 언젠가는 잘 하겠지 라고 생각해서는 안 된다. 시중의 연산문제집을 편집해서 하던지 연산학습지 선생님과 상담하여 필요한 연산만 골라서 하던지 부족부분을 메우지 않는 한 방법이 없다.

응용문제나 문장제가 약한 경우가 가장 난감할 것이다. 원인은 두 가지로 나누어 볼 수 있다. 연산력 부족에서 오는 경우는 유독 수학에서만 잘 받아들이지 못하는 것처럼 보인다. 또는 연산은 잘되는데 아이가 문제를 대충 풀거나 응용력이 떨어진다는 경우다. 이 두 가지 경우 모두 공통적으로 연산기호의 의미가 약하고 잘 안되니 대충하는 습관이 들린 경우가 많다. 문제를 골고루 풀게 하려는 욕심을 뒤로 미루고 쉬운 문제지만 개념이 있는 문제를 최소로 선정하여 여러 번 풀게 해야 한다. 그래서 자신감과 도전의식을 갖게 한 후에 다양한 문제를 풀게 하거나 학원에 보내야 효과가 있다. 그렇다 해도 너무 많은 문제는 도전의식을 감퇴시킬 수 있다.

도형 파트는 다루어 보지 않은 탓이 가장 크다. 그렇다고 문제만 많이 풀 게 할 것이 아니라 그림으로 이해하도록 해야 한다. 그러면 한 달에 한두 번 정도만 엄마와 같이 단원 전체를 다루는 정도만으로도 해결된다. 이때 될수록 많이 그려보게 하면 문장제의 그림 그리기에도 도움이 된다. 그래서 머릿속에서 그림을 떠올릴 수 있는 힘이 생긴다면 중·고등의 도형도 해결할 수 있는 실력을 갖추게 될 것이다.

이처럼 부족한 부분이 있으면 손이 많이 가게 되고 일반적으로 정해진 시스템에 꿰맞추기 어렵다. 그래서 부족부분을 보충하기 위해서는 '무슨 학습지나 무슨 학원을 보내라'라고 한마디로 할 수 없다. 그렇다면 실력있고 내 자식처럼 가르치는 과외선생님을 찾거나, 찾을 능력이 있지 않는 한 부모의 노력이 절실히 필요하다. 중·고등학교에 가면 어차피 부모 손에서 점점 멀어져간다. 어렵지만 마지막 기회라 생각하고 부모가 노력하는 수밖에 없다.

5

초등수학 만점을 가로막는 약점들

무엇을 해 주어야 하는가

아이를 키울 때는 아이의 단점을 없애는 것보다 장점을 키워주는 교육이 더 필요하다. 단점을 보완하다 보면 장점마저 사라질 수 있기 때문이다. 그러나 수학에서는 다르다. 아이의 단점, 즉 부족부분을 반드시 메워야 한다. 수학은 고등학교까지 이어진 계통성의 학문이기 때문에 지금의 부족부분이 훗날 큰 걸림돌이 될 수 있기 때문이다.

아이의 수학 실력을 길러주고 싶다면 '무엇을 해야 하는가?'와 '무엇이 아이에게 도움이 되는가?'란 두 개의 물음을 항상 염두에 두어야 한다. 연산과 개념이 잡혔다면 수학에서 제일 중요한 것은 '어떤 문제를 푸느냐'이고, 이것을 기본으로 하여 지금 내 아이에게 어떤 문제가 도움이 될 것인지를 정확히 파악해야 한다.

다음은 대부분의 아이들이 어려워하는 수학을 유형별로 묶어놓은 것이다. 우리 아이가 어느 부분이 약점인지 체크해 보기 바란다.

자연수나 분수의 사칙계산

수학은 수를 가지고 하는 학문이다. 수의 연산부터 어려워하는 아이에게 확장을 우선시하고 문장제를 풀라는 것은 억지다. '가나다라……'를 모르는 아이에게 국어책을 읽히고 일기를 매일 쓰라고 하는 것과 같다. 그러므로 수를 가지고 하는 사칙계산을 기본적으로 익혀야 한다. 이 부분이 약점일 때는 어디라 할 것도 없이 어떤 문제도 풀리지 않으며 이해도 되지 않는다. 제일 우선시해야 할 부분이다.

어림수 등 수의 운행능력

수의 운행능력이란 수의 전반적인 능력이다. 수를 확장시키는 것은 큰 수를 처리하기 위함이 아니라 수에 대한 감각을 키우기 위해서다. 형식적인 기호로 되어있는 수학을 일상생활에서 사용할 수 있다면 더 바랄 것이 없겠지만 이를 사용하는 기회는 적다. 일상생활에서 사용하지 않는다면 역시 가르칠 수밖에 없다. 수의 양을 바탕으로 369는 400이나 370쯤이 된다는 어림수나 수의 분해와 합산, 그리고 쉽다고 문제가 잘 나오지 않지만 곱해서 1이 되거나 0이 되는 수를 찾는 것도 필요하다. 이 부분이 약점일 때는 전혀 엉뚱한 식이나 답을 만들어 놓고도 이상하다 생각하지 않는다.

예를 들어 13−15=2나 $\frac{1}{2}+\frac{1}{3}=\frac{2}{6}=\frac{1}{3}$ 이란 엉뚱한 답을 써 놓고 지적하기 전에는 알아채지 못하는 것은 수 감각을 살리지 못한 탓이다. 어림수만 문제로 만들기 어렵기에 대개는 연산의 의미를 같이 묻곤 한다. '$\frac{1}{4}m$씩 끊어서 상자를 묶는 끈이 $2m$ 있다면 상자를 몇 개 묶을 수 있나?'라는 물음에 많은 아이가 잘못된 $\frac{1}{4}÷2$라는 식을 쓴다. 그리고는 숫자만으로 식을 세운 탓이라고 치부한다. 그러나 설사 2에서 $\frac{1}{4}$씩 뺀다는 나누기의 의미를 모른 채 사칙연산 중 나누기(÷)를 찍어서 쓴다 해도 $\frac{1}{4}$과 2의 크기가 한 눈에 들어왔다면 나누는 수와 나누어지는 수를 바꾸어 쓰지는 않았을 것이다.

기호에 대한 이해와 숙달

초등학교는 기호의 의미가 개념이라고 했다. 연산기호(+, −, ×, ÷), 등호(=), 부등호(<, >), 괄호(( )) 등의 의미와 성질을 이해하고 숙달시켜서 언제고 꺼내 쓸 수 있는 상태가 되어야 한다. 현 교육과정에서 가장 취약성을 보이는 부분이기도 하다. 기호가 수학의 문장에서 어떤 말로 쓰이고 있는지를 알아야 비로소 확장이나 문장제 문제를 풀 수 있다.

이 부분이 약점일 때 실수라고 말하는 경우가 많다. 기호 중에서 특히 초등 아이들에게 가장 취약한 부분은 나누기(÷)와 등호(=)다. 자연수의 나누기에서 의미가 잘 들어가야 분수에서도 사용할 수 있다. 예를 들어 분수의 나눗셈에서 $\frac{1}{2}÷\frac{1}{3}$에서 답을 구하는 과정을 하기 전에 이미 $\frac{1}{2}$에서 $\frac{1}{3}$을 몇 번 뺄 수 있느냐란 나누기의 의미를 알고 있어야 하고,

$\frac{1}{2}$이 $\frac{1}{3}$보다 크니 답은 1보다 큰 수가 나온다는 수 감각도 키울 수 있을 것이다.

등호(=)는 등식의 성질이 필요하다. 예를 들어 17+3−5=□−5=□ 란 문제가 있을 때, 아이들이 17+3−5=⎡15⎤−5=⎡10⎤ 라고 쓰는 이유는 = 의 양쪽이 같아야 한다는 생각을 못하기 때문이다. 그래서 첫 빈칸에 답을 써버린다. 등식의 성질은 현 교육과정에서 다루지 않고 있어 부모의 노력이 특히 필요한 부분이다.

응용문제나 문장제 등의 문제해결력

응용이나 문장제는 문제해결을 위한 방편이지만 초등수학의 최종 목표임에 틀림없다. 문제는 성급하게 부족부분을 인식하지 않은 채 응용문제나 문장제에 매달리기 때문에 난공불락처럼 느껴지게 된다는 것이다. 응용문제나 문장제를 풀기 전에 수 연산과 기호의 숙달 여부가 문장제를 해결하는 바로미터가 된다. 특히 문장제를 풀 때에는 수학적 용어를 익히는데 관심을 두어야 한다.

이 부분이 약점은 이전의 약점이 무엇이냐에 따라 다르지만 대부분 식을 세우지 못하거나 틀린 식을 만든다. 하지만 부족부분보다는 점수가 더 잘나오고 있다. 교과서나 문제집의 단원이 덧셈, 뺄셈, 곱셈, 나눗셈의 순차적 진행을 하기 때문이다. 다시 말하면 아이가 현재 공부하는 단원이 덧셈 단원이면 문장제도 거의 예외없이 숫자만 보고 더하기를 하면 맞다. 뺄셈을 하고 있으면 문장제도 빼기를 하면 되고, 곱하기도 나누기도 마찬가지로 되어 있어 아이들이 숫자만 보고 문제를 풀고 있는 것이다.

　연산의 의미를 가르친 후 혼합된 문제를 통해 문장제를 해결하고 있는지 살펴봐야 한다. 문장제가 어려우면 중학교의 방정식의 활용, 함수 활용을 어려워한다. 그런데 단원이 짧아 연습기회는 적고 계속 부족부분만 누적되는 경우가 많다. 결국 고등학교에 가서 그 부족부분이 현실로 나타나게 될 것이다.

6

80점, 위태롭고 위태로운 점수

학부모들은 흔히 아이가 80점대면 아쉽지만 그런대로 만족한다. 요즘 같은 개성시대에 수학은 웬만큼 하고 아이가 잘하는 것을 찾으면 된다고 생각하기 때문이다. 하지만 80점대, 정말 괜찮을까?

초등학교에서 고등학교까지 이어지는 수학의 길

초·중학교 때 80점대는 학부모나 아이가 크게 수학을 잘하지는 못하지만 그런대로 하고 있다고 느끼는 점수다. 개념을 튼튼히 하고 분수를 더욱 튼튼히 길러주며 좀 더 어려운 문제에 도전해야하지만 만족하기 때문에 필요성을 느끼지 못한다. 만족하는 곳에 발전은 없다. 그래서 이런 아이들은 공통적으로 어려운 문제나 문장제 문제를 기피하는 경향을 보인다.

80점 아이들은 다시 둘로 갈린다. 같은 80점이라도 분수가 부족하면 중학교에서 학년이 올라가면서 점점 하락과 포기 수순을 밟는다. 그래도 분수를 튼튼히 한 경우, 중학교에 가서도 학원이나 학습지를 통해서 계속 공부하면 방정식의 활용이나 함수에서 어려움을 겪어 일시적으로 점수가 내려갈 수 있지만 그런대로 80점대를 유지하게 된다. 하지만 난이도의 상승을 가져오는 고등학교에서는 성적이 급격하게 떨어진다. 발버둥을 쳐보지만 대다수 아이들이 함수에서 수학을 포기하게 된다. 그 이유는 한마디로 수학은 계통성의 학문이기 때문이다.

수학은 수와 수식을 읽고 쓰는 '언어'

수학의 길: 명확한 개념 이해+ 중요도에 따른 학습량 조절+ 각 관계를 알게 하는 통합교육

수학은 수와 수식을 읽고 쓸 수 있도록 하는 '언어'다. 따라서 수와 기호들을 배우고 익혀 식으로 만들어서 읽고 쓸 수 있도록 하는 과정이 반복, 확장되며 학년을 올라간다.

계통성의 학문인 수학은 당장 학년별 수학 교과서만 쭉 훑어보기만 해도, 해야 하는 순서가 있고 가르쳐야 되는 것이 비교적 명확하다. 그러나 교과서는 중요도에 따른 분량 편성이 되어 있지 않다. 교과서 내용을 하나도 빠짐없이 푼다 한들 취약한 부분에 대한 이해와 숙달이 쉽지 않다는 뜻이다. 특히 1학년에서 자연수의 연산이 암산력까지 가능하도록 만들거나, 3학년에서 수학의 빠르기까지 익히는 것은 역부족이다. 5학년 분수 문제도 계통성에 따라 편성되어 있긴 하지만 통합적으로 다루지 못하여 부족부분을 남길 수밖에 없다.

수학은 특성상 1대1 교육이 필요하지만 이것은 거의 불가능하다. 그래서 개념이 완성되었는가를 개별적으로 확인할 길이 없다. 이 문제에 대한 대책으로 사교육이 성행하지만 비용만큼의 실효를 거두고 있는지는 생각해 볼 문제다.

수학 탈락 시스템, 내 아이는 예외여야 한다

앞에서도 언급했지만, 내가 자주 쓰는 말로 '수학 탈락 시스템'이 있다. 초등학교에서 배우는 것들은 대부분 기본에 속하는 것이고 이는 중학교가 아닌 고등학교에 가서까지 사용할 것을 염두에 두어야 한다. 기본이 탄탄하지 않은 아이일수록 고학년이 되면서 수학을 포기하는 경우가 많다. 이 때문에 수학에서 탈락하는 아이들이 대거 생겨나는데, 이것이 마치 짜여진 시스템을 보는 것 같으니 '수학 탈락 시스템'이라는 말이 과하다고 생각하지 않는다.

분수를 보자. 자연수에서 배운 모든 개념은 분수에 녹아든다. 수학은 수를 공부하는 학문이고 특히 분수를 못하면 부득이 수학에서 손을 놓게 된다. 게다가 초등 4~5학년이라면 중학교에 진학하기까지 2년 밖에 남지 않았기 때문에, 더 늦춘다면 수학에서 배워야 할 개념이 부족한 상태에서 중학교 공부를 하게 된다. 그러나 분수는 부족하면 중학교에서든 고등학교에서든 결국엔 수학을 포기하게 만든다. 중학교에 포기할 것을 고등학교에 포기한다고 해서 달라질 것은 없다. 초등학교에서 배우는 대부분이 기본에 속하기 때문에, 이 기본은 중학교가 아닌 고등학교에 가서까지 활용된다는 것을 명심하자.

분수가 잘 안 되는 아이는 중1 1학기 기말고사부터 시작하여 조금씩 굴곡을 보이며 하향세를 타다가, 중3 1학기 중간고사에서 100% 탈락한다. 중학생의 50%가 수학을 포기한다고 말하는데, 이는 분수를 못하는 50% 아이와 일치하며 결코 우연이 아니다. 중학교에서 분수가 전혀 안되면 학교는 물론 학원이나 과외 등 어떤 것도 효과가 없다. 필자가 현장에서 20여 년의 경험에 비춰 볼 때 상 수학을 못하는 중학생은 하나같이 분수부터가 문제였다.

이 분수를 해결하지 않는 한 어떠한 방법으로 공부를 해도 해결되지 않는다. 중학교에서 기본적인 인수분해가 안 되면 고등학교 1학년 1학기에 포기하게 되고, 중학교 함수가 안 되면 고등학교 1학년부터 어려워진다. 개념이나 수식을 등한시하는 학생은 고등학교 응용문제가 어렵다거나 긴 문장의 문제가 어려워서 최고의 점수로 도약할 수 없다.

이처럼 지금 아이가 어렵다고 하는 것은 당장이 원인인 경우는 별로 없다. 수학의 부족부분은 어렵다고 느껴질 때 드러나지만, 이것은 보통 최소 2년 전부터 부족부분을 쌓아온 것이다. 단지 부모와 아이가 모르고 지나쳤을 뿐이다. 절대 수학이 어렵다는 아이를 내버려 두어서는 안 되고 부족부분을 안은 채로 중학교에 올려 보내서도 안 된다.

초등수학 80점에 안주하면 평생 후회한다

아이가 수학을 잘하게 하고 싶다면, 80점은 분명 위기다. 위기로 받아들여라! 80점 점수는 가장 위태로운 점수라는 것을 아이도 학부모도 알아채지 못할 때가 많다. 오히려 80점이기 때문에 다른 못하는 아이들보다 부족부분을 더 알아채지 못할 수 있다. 초·중등학교에서 기초가 다져지지 않은 아이의 80점은 매우 허술한 점수라는 것을 깨달아야 한다.

계통성이 강한 수학에서 80점은 20%의 구멍이 뚫린 상태임을 뜻한다. 앞으로 배울 것이 이 구멍으로 줄줄 새나갈 것이고, 이를 만회할 기회는 점차 사라질 것이다. 또한 80점은 액면 그대로 20%만 부족한 것이 아니다. 부족부분 20%가 다른 문제와 혼합됐을 때 몇 %로 커질지 아무도 모른다. 그렇기 때문에 80점대 점수인 아이는 다른 아이들보다 학습 재료 선택에 더 많은 노력을 기울려야 한다.

기초가 부족하다고 느끼지 않는 아이를 설득해야 하고, 그동안 아이가 기피해온 어려운 문제를 대하는 태도를 바꾸어야 할 시간 또한 만만치 않게 들어갈 것이다. 하지만 완벽하게 부족부분을 메워 주어야 하고 초등 고학년이라면 시간도 얼마 남지 않았으니 서둘러야 한다. 대충 남들만큼만 하면 된다고 생각하면 정말 남들만큼 된다. 남들이 대부분 포기하니 당신의 자녀도 포기하게 될 것이다.

7

가르치는 사람들의 위험한 습관

　세연이는 엄마가 사주는 문제집을 꼬박꼬박 푸는 아이다. 저학년 때는 엄마가 봐 주었지만, 고학년이 되어서는 엄마도 번거롭고 힘들기도 해서 매일 몇쪽 씩 풀라고 하고 채점도 아이에게 시키고 있다. 별표한 문제를 엄마와 같이 풀기도 하지만 틀린 유형을 매번 틀리고 교정도 되지 않는다고 한다. 시험 때가 되면 엄마가 사주는 별도의 문제집을 한권 더 풀고 시험을 보지만 시험 성적이 나아지지는 않는다.

　아예 공부를 하지 않아서 그런 경우가 많지만 세연이처럼 아이가 열심히 하는데도 성적이 신통치 않는 경우가 있다. 어려운 문제는 단순히 그 하나에 그치지 않고 이면에 훨씬 더 많은 문제점이 있기 마련이다. 문제점을 정확하게 집어서 그 부분을 해결해야 마땅하나 학부모로서 알기 어렵다. 게다가 문제집을 풀면서 굳어진 방식을 고집하면 우리 아이에게 나도 알지 못하는 어려운 문제가 있다는 두려움이 생긴다. 그리고 그것은 위기를 부르는 습관이 된다. 이는 자신감 상실과 아는 것조차 어려운 것으로 착각할 수도 있다. 물론 근원을 해결하였다 해도 어려운 문제는 여전히 어려울 수 있다. 대신 이때는 여러 문제집을 풀면서 같은 유형의 문제를 나올 때마다 풀리는 것이 아니라, 같은 문제집의 같은 문제를 뽑아서 시차를 두고 여러 번 풀어보는 것이 다음 수순이 된다. 이처럼 혼자서 문제를 풀 수 있는 아이는 원인이 아이가 아닌 다른 것에서 찾아야 한다.

그런데 대부분의 학부모나 선생님들은 수학을 못하는 탓을 열심히 하지 않는 아이에게 돌린다. 아이가 수학을 못하는 것은 가르치는 사람이 문제인 경우가 많다. 더불어 개념을 만들어 주는 문제집이 없다는 데에 있다.

이 두 원인에는 공통점이 있다. 잘못된 습관이나 학습태도를 만들게 된 원인 중 가르치는 사람인 부모와 교사에 대해 먼저 언급하고 문제집에 대한 문제는 다시 논하기로 한다.

교사의 위험한 습관

첫째, 수학의 특성에 맞도록 지도하지 않았다. 수학에서 나오는 모든 수나 기호는 상징기호체제라서 잘 잊어버린다는 특성이 있다. 그렇기 때문에 매일 반복하고 아이가 자유자재로 활용할 수 있을 때까지 연습을 시켜야 하는데 그런 기회를 주지 않고 있다. 즉 알려주었으면 알거라 생각하고 연습을 소홀히 했기 때문이다.

둘째, 잘못 가르치고 있다. 아이가 수학을 쉽게 느끼면 부모는 욕심을 부려 다음 과정으로 바로 넘어가게 한다. 작은 수의 연산처럼 튼튼히 다지고 넘어가야 할 부분은 쉽다고 대충 넘기고, 큰 수 문제처럼 할 줄만 알면 되는 부분에 매달리는 것이다. 하지만 기본을 튼튼히 다지지 않은 아이가 큰 수나 확장문제를 풀게 되면 잦은 오답이 나오게 된다. 그래서 문제를 해결하는 데 시간이 오래 걸리고, 이것이 아이가 수학과 멀어지는 한 원인이 된다. 수학이 쉬울 때 튼튼히 해야 하고, 수가 커지면 풀 줄 알 때 얼른 지나가야 한다.

셋째, 가르치지 않는다. 많은 경우 아이에게 쉽게 알려주었다고 생각하는데 받아들이지 못해서 아이의 머리가 나쁘다고 한다. 교사나 부모가 알려주는 것에 아이가 알지 못하는 또 다른 개념 때문에 혼동을 가져오고 있기 때문이다.

대표적인 예를 든다면 바로 기호다. 연산기호(+, −, ×, ÷)의 의미, 부등호(<, >)의 성질 등을 아이에게 친절히 알려주지 않는다. 초등학교에서 사용하는 기호는 통틀어 10개도 안 된다. 이 몇 개 되지 않는 기호를 아이는 무수히 봐 왔겠지만, 아무도 그 의미를 제대로 반복해서 알려주지 않았다. 연산기호의 의미도 모르는 아이가 문제를 읽고 머릿속에서 꺼내어 식을 세워야 풀 수 있는 문장제에 어려움을 느끼는 것은 당연하다.

그 밖에도 '소수(약수가 2개인 수)'나 '등호(=), 등식의 성질' 등을 가르치지도 않으면서 교과서나 문제집은 이를 알아야 풀 수 있는 문제를 제시한다.

학부모의 체크 포인트

체크포인트 1. 아이가 맞은 점수 중에 잘한 것만을 기억하고 있지 않은가?

'팔은 안으로 굽는다'는 말처럼 낮은 점수는 잊고 높이 나온 점수만 기억하는 게 부모다. 게다가 지난번 점수가 좋지 않았다가 올라가면 마음먹고 하니 잘되지 않느냐며 기뻐한다. 아이를 믿어주지 않아 주눅이 들게 하는 부모도 문제지만 아이의 능력을 과대평가하는 것도 문제다. 아이는 부모의 칭찬에 자만하여 대충 넘어가려 하고 자신의 부족부분도 모른 채 다음 과정을 맞이하게 된다.

체크포인트 2. 무조건 100점이면 안도하고 있지 않은가?

대부분의 학부모들은 출제 범위가 어느 영역이었는가를 따지지 않는다. 그러나 연산이 들어가지 않은 도형문제에서 100점을 받은 것은 아닌지, 문제의 수준이 높은지 낮은지를 살펴야 한다. 계통성이 현격하게 떨어지는 도형 파트는 주의력이 있거나 문제를 풀어보았느냐에 따라 일시적으로 잘 할 수도 있다. 시험의 절대적인 점수로만 판단할 것이 아니라 아이의 진짜 실력을 알기 위해 주의를 기울여야 한다.

체크포인트 3. 95점과 100점이 같은 수준이라고 생각하지는 않는가?

초등학교의 시험문제는 대개 쉽다. 게다가 유형도 한정되어 있고 문제를 미리 풀어보았느냐에 따라 결과가 달라진다. 그래도 시험이라서 어려운 문제는 있다. 보기에는 단지 한 문제인 것 같지만 정작 이 한 문제가 아이의 실력을 결정한다. 5~6학년 때 어려운 문제는 초등학교의 개념이 중·고등학교로 이어져가는 중간 단계다. 지금 어렵다고 기피하면 중학교에 가서 다시 나올 때도 건너 뛸 가능성이 그만큼 높아진다. 게다가 초등학교 5~6학년에서 우열을 판가름하는 이 한 문제를 끝까지 물고 늘어지는 학습습관은 중고등학년에서도 계속된다. 아직 어리고 기회는 얼마든지 있다고 대수롭지 않게 여길 일이 아니다.

체크포인트 4. 개념은 무시하고 문제만 풀게 만들지는 않았는가?

100점을 받는다 해도 이것은 예전에 비슷한 문제를 풀어봤기 때문이고 정작 응용문제에서 막히는 아이들이 있다. 현 교육의 개념 확립 취약성이 드러나는 부분이다. 따라서 기본 개념을 완벽히 이해하게 하는 데 많은 시간을 할애해야 한다. 개념이 확립되었는가를 판단하는 방법은 아이에게 물어보았을 때 논리성을 가지고 말로 설명할 수 있느냐 없느냐다.

교과서의 모든 과정은 배우기 전에 이미 70%는 알고 있는 것에서 출발한다. 즉 새로운 과정처럼 보여도 전부 새로운 것이 아니라 새로운 것은 30%밖에 차지하지 않는다. 물론 이 부분도 다음 과정을 위한 준비과정이다. 완전하게 하는 것은 지금 문제를 잘 풀기위한 것이 아니라 다음을 편하게 하기 위함이다. 초등수학은 중고등수학의 기초다지기다. 90점이니 100점이니 하는 점수에 만족하지 말고 초등수학을 완전하게 하는 것에 최선을 다해야 한다.

8

선행학습·학원·학습지는 위기로 가는 지름길

나는 어떤 타입의 부모일까?

수학은 스스로 공부하면서 깨치는 학문이라기보다 남이 가르치는 학문이다. 그렇기 때문에 수학을 못하는 책임을 아이에게 100% 돌릴 수는 없다. 학습지를 선택하고 학원을 선택하는 부모 역시 책임을 피해갈 수는 없다. 그렇기 때문에 위기는 대부분 학부모에게서 온다. 다음은 학부모가 자주 빠질 수 있는 함정이다.

함정 1. 학습지와 문제집만 꾸준히 하면 된다?

학습지는 크게 두 가지로 나눌 수 있다. 연산만 다룬 학습지와 골고루 편집된 학습지다. 연산학습지는 연산을 위주로 하고 확장 부분이 빠지기 때문에 완전한 수학실력을 기르기에는 부족하다. 게다가 중요한 부분과 그렇지 않은 부분이 똑같은 분량이어서 집중적으로 해야 할 부분을 놓친다는 단점이 있다. 학부모 또한 '연산은 웬만큼 하니까 이 정도면 됐어'라고 생각하는 경우가 많다. 그러나 작은 자연수의 연산은 빠르기가 가능할 때까지, 분수는 완벽하게 이해할 때까지 반복해야 한다.

골고루 편집되어 있다고 자처하는 학습지는 연산에 있어 취약하다. 골고루 가르치고자 하는 학부모의 요구에 부합하여 만들어졌지만, 연산이 부족한 아이들은 어렵게 느껴 밀리게 된다. 아이가 게을러서 학습지가 밀리는 줄 알지만 사실은 아이의 연산 실력이 부족하기 때문이다. 이처럼 어떤 학습지도 딱 맞는 학습지는 없다.

문제집 역시 마찬가지다. 문제집만 여러 권 풀면 실력이 향상 될 것이라는 생각을 버려라. 단순하기 때문에 설명하면 이해하는 듯 보이지만 비슷한 유형의 문제를 풀리면 다시 틀린다. 효과도 없을뿐더러 여러 문제집을 풀다보면 건성으로 풀려는 성향이 생겨날 수 있다.

교과서대로 편성된 문제집을 똑같이 푼다면 공교육에서의 실패를 똑같이 경험하게 된다. 수 연산이나 개념에 관한 부분을 확실하게 익히지도 않은 채 더 큰 수를 다루는 문제, 개념이 확장된 문제 등을 풀게 하는 것, 이런 거꾸로 공부는 절대 금물이다. 아이들이 충분히 이해가 되지 않았는데도 다음 단계로 넘어가 버리니 부담을 느낄 수밖에 없다. 가끔 아이가 지루해할까 봐 중도에 그만두고 큰 수에서 계속하는 학부모도 적지 않을 것이다. 그렇기 때문에 이런 학부모의 욕구에 맞춰 나온 기존의 문제집은 짧은 개념 정리와 개념을 익히는 문제의 양이 나온 다음 바로 확장문제가 나온다.

함정 2. 수학은 학원을 잘 골라 보내는 게 최고다?

내가 가르치기에는 너무 어려우니 학원에 맡기는 수밖에 없다고 생각하는 학부모가 많다. 학원에 의지하다 보니 아이의 성적이 떨어지면 학원 탓으로 돌리기 일쑤다. 학원은 기본적으로 선행학습이 목표다. 그렇기 때문에 학원에서는 진도를 앞질러가고 어려운 문제를 다루게 되는 것이다. 그러나 수학은 어려운 문제조차 쉬운 개념의 복합이기 때문에 쉬운 문제를 많이 풀어야 실력을 제대로 키워나갈 수 있다. 이런 수학의 특성을 무시한 학원이라면 아무리 열심히 다닌다고 해서 기초를 쌓는 것은 힘들다.

수학에서는 예습보다 복습이 중요하다. 부족한 부분을 채우기 위해 학원에 보내는 학부모라면 과감하게 학원을 그만두어야 한다. 복습이 예습보다 중요하다는 것을 느끼고 있다면, 그리고 학원에서는 더 이상 복습이 필요한 우리 아이의 수준을 맞춰주지 못한다는 것을 깨달았다면 말이다. 내 아이에게 기본기가 없음을 인정했다면, 늦기 전에 부모가 직접 나서야 한다.

함정 3. 웬만큼만 하면 된다?

수학에서 '웬만큼'은 어느 정도일까? 아마 대부분 학부모에게 이 질문을 던진다면 '80점 이상'이라고 답하는 분이 많을 것이다. 실제로 크게 떨어지지만 않으면 된다고 생각하는 학부모에게 80점은 최소한의 만족을 주는 점수다. 아이 역시 80점 정도 점수가 나오면 고민하지 않고 스스로 만족하게 된다. 그래서 항상 80점이다. 아직도 80점 맞는 아이의 수학을 방관하고 있다면, 당신은 이미 기회를 놓치고 있는 것이다.

함정 4. 선행학습은 반드시 시켜야 한다?

"우리 아이는 초등학교 5학년인데 중학교 2학년 과정을 공부하고 있어요."

"중학교 1학년인데, 고등학교 수학을 공부하고 있어요."

은근히 자랑하며 선행학습을 시키는 것이 어떤지 물어오는 학부모가 꽤 많이 있다. 선행학습이 좋다 나쁘다를 이런 정도의 정보만 가지고 말할 수는 없다. 내가 머뭇거린다 싶으면 곧바로 '아이가 그래도 곧잘 하는 것 같아요' 한다.

수학은 계통성이 뚜렷하여 배워야 할 것이 이미 정해져 있다. 그렇기에 선행학습을 가장 많이 하는 과목이다. 특히 아이가 잘 따라 한다 싶으면 부모는 욕심이 더 생겨 빨리 가르치려 한다. 앞으로 어려워할지 모를 수학을 일찍 접하게 하여 문제가 생겼을 때 해결할 시간을 확보하자는 생각이다. 결론적으로 말하면 기본이 튼튼한 아이가 하는 올바른 선행학습은 좋다. 많은 교육전문가들이 선행학습의 폐해를 말하는데, 이는 가르치는 방법에 문제가 있기 때문이다. 개념을 알려주는 공부방식이라면 초등학생에게 고등학교의 과정을 가르쳐도 해가 되지 않는다. 그러나 공식이나 외워서 풀게 하거나 이런 문제는 이런 식으로 푼다는 기술을 가르쳐서 개념을 가리는 선행학습은 잘못된 방법이고, 이런 잘못된 선행학습은 가르친 만큼 득이 아니라 해악이다.

초등학교 영재반을 계속 다녔다는 아이가 엄마와 함께 나를 찾아왔던 적이 있었다. 이제 중학교로 올라가려는데 학원에서 시험을 봤더니 75점이라고 한다. 여태까지 100점 외에는 받은 적이 없는 아이인데 어쩐 일이냐며 엄마는 걱정이 태산이었다. 테스트 결과 수와 수식에 대한 이해와 실력이 완전치 못했다. 이런 상태에서 어려운 문제만 머리에 의존해서 풀어왔던 것이다. 제 아무리 영재가 아니라 천재라 할지라도 그 상태를 유지하며 수학을 계속 잘한다는 것은 불가능하다. 우수한 아이는 일반 아이보다 받아들임이 빨라 반복을 적게 해도 완성을 할 수 있다는 것이지 안 배우고 건너뛸 수 있는 것은 아니다.

수학을 잘하는 아이들은 공통적으로 '수학은 외울게 없어서 좋아요'라고 말한다. 왜냐하면 한번 배우면 계속 사용하고, 새롭게 배우는 개념은 많지 않기 때문이다. 계속 사용할 개념을 '안다'는 것만으로는 항상 부족하다. 배워서 안다는 수준이 아니라 끊임없이 익혀서 자유자재로 사용할 수 있어야 한다.

수학이 어렵다고 하는 것은 쉬운 개념이 복합될 때고 이는 길을 잘못 들거나 잘못 인도한 탓이다. 아이에게서 '개념은 알겠는데 응용문제를 못풀겠다'는 말을 듣지 않는 길은 기본을 튼튼히 길러가는 방법밖에 없다.

9

단계별로 학습지를 구성하라

중·고등학교와 달리 초등학교는 부모님과 함께 공부하는 아이들이 많아서 몇 가지 언급하려 한다.

첫째, 안다고 대충 넘어가지 마라! 부모들은 덧셈과 뺄셈은 쉬우니까 대충 넘어가고 응용력을 키우는 문제에 집착한다. 구구단을 거꾸로 외우는 것조차 저절로 능숙하게 구구단을 암기하길 바라는가 하면, 아이가 쉽다고 할 때 다음으로 넘어가서 항상 부족부분을 남긴다. 수학은 항상 쉬울 때가 중요하고 더더욱 기본을 튼튼하게 다져주어야 한다.

둘째, 소신을 버리지 마라! 수학이 언어라는 전제 하에 언어는 듣기 말하기 읽기 쓰기를 순차적으로 배우는 길이 최선이고, 빨리 가는 유일한 길이다. 하지만 수학은 다른 언어와 달리 듣기와 말하기 부분이 없어 배우는 데 다른 어떤 언어보다도 오래 걸리는 일이다. 정해진 시간 내에 문제를 풀어야 한다는 것이다. 숙달될수록 이에 대한 훈련도 병행해야 한다.

약점을 타파하기 위한 학습서의 조건

4~5학년이라면 수학의 모든 과정을 순서대로 밟고 올라가기에는 이미 늦었다. 아무 문제집이나 풀리면 효율성에서 떨어지고 쓸데없이 많은 양으로 아이만 지치게 한다. 학부모는 기존의 문제집이나 학습지로는 해결할 수 없으므로 각각의 부족부분을 메울 수 있게 별도로 편집해서 이용하는 것이 좋다. 학습서를 만들려는 학부모는 반드시 다음 세 가지 조건이 충족되도록 해야 한다.

첫째, 학년별로 산만하게 구성하지 않고 계통에 맞게 편집되어야 한다.
학년의 경계를 허물고 오로지 실력향상에 중점을 두고 구성해야 한다. 교과서나 학습지, 그리고 여타의 모든 문제집들은 천천히 공부한다는 가정 하에서 학습재료가 늘어지게 편성되어져 있다. 이를 굴비 엮듯 엮어 필요한 것만 순서대로 공부할 수 있어야 한다.

둘째, 필요한 것을 엄선해야 한다.
이 말은 학습재료의 양을 최소화해야 한다는 것이다. 학부모 중에 아무거나 많이 풀기만 하면 된다는 생각을 갖고 있는 분들이 많다. 그래서 아무 학습지고 열심히만 하면 된다거나 문제집을 던져주고 매일 몇 쪽씩 풀었는지를 검사만 한다. 그러면 된다고 생각하기 때문이다. 그러나 이런 생각이 결국 아이의 부족부분을 키우게 된다. 수학은 양이 절대적으로 필요한 것이 사실이나 아무거나 풀다보면 정작 필요한 것을 놓치게 되는 경우가 많다. 양을 늘리고 아이의 공부시간을 늘리는 것이 능사는 아니다. 주어진 시간을 고려하고 아이에게 필요로 하는 것만을 엄선하여 학습하게 해야 한다.

셋째, 될 때까지 반복할 수 있게 구성해야 한다.

송곳처럼 핵심을 꿰뚫는 문제를 여러 번 풀어서 완성시켜야 다음을 기약할 수 있다. 특히 수를 공부할 때에는 몸에 체화가 될 때까지 다음 진도를 나가서는 안 된다. 자전거를 처음 배웠을 때를 떠올려보라. 넘어지고 깨지며 며칠을 배워야 했다. 덕분에 타지 않은지 오랜 시간이 흘렀어도 몸이 그것을 기억하여 여전히 탈 수 있다. 수학도 마찬가지로 끊임없이 반복하여 몸으로 체화하는 기간이 필요하다.

단계별로 학습지를 구성하는 방법

아이가 부족한 부분이 전부라고 가정하고 모두 채워야한다면, 다음 18개 단계를 순서대로 하면 된다. 학부모가 문제집을 재구성해서 학습지를 만들 때 참고하기 바란다. 구성단계를 모두 다 만들어서 할 필요는 없다. 아이가 부족한 부분만 테스트를 통해서 알아내고, 이 중 필요로 하는 것만 선택하고 만들어서 그 순서를 밟으면 된다.

1단계 암산력을 위한 덧셈 – 200개만 해결하라.
2단계 암산력을 위한 뺄셈 – 200개만 해결하라.

3단계 덧셈과 뺄셈의 확장 – 덧셈과 뺄셈을 섞어라.(200개)

4단계 빠르기를 위한 곱셈 – 두 자리 수 곱하기 한 자리 수만 빠르게 하라.

5단계 자연수의 확장1 – 등식에서 삼각수까지.

6단계 빠르기를 위한 나눗셈 – 세 자리 나누기 한 자리까지 해결하라.

7단계 자연수의 확장2 – 수를 운행하여 함수 전까지.

8단계 자연수의 문장제 – 연산의 의미부터 흔들기까지.

9단계 분수의 개념 – 분수의 의미부터 최대공약수와 최소공배수까지.

10단계 분수의 덧셈과 뺄셈 – 분수의 덧셈과 뺄셈을 가장 튼튼히 하라.

11단계 분수의 곱셈과 나눗셈 – 분수와 소수의 곱셈과 나눗셈까지

12단계 분수의 혼합계산 – 분수의 혼합계산을 혼동 없게 하라.

13단계 분수의 확장1 – 비율에서 비례식까지.

14단계 분수의 확장2 – 여러 가지 의미의 분수에서 확률까지.

15단계 분수의 문장제 – 분수의 의미와 연산의 의미를 살려라.

평면도형1 – 먼저 길이와 도형의 구성요소를 해결하라.

평면도형2 – 도형을 분해하여 넓이를 해결하라.

입체도형 – 입체도형에서 안 보이는 곳을 상상케 하라.

학습지를 시작하기 전 부모의 태도

첫째, 실천하는 부모의 마음가짐

부모가 아이의 부족부분을 알고 있고 부족부분을 메울 수 있는 방법을 알고 있더라도 행동으로 옮기지 않으면 아무런 소용이 없다. 자신이 좀 편하자고 학원이나 학습지에 아이를 맡기는 것은 현명하지 못하다.

부모로서 학원을 보내고 학습지를 선택하는 데는 여러 이유가 있지만 부모가 편하고자 하는 것이 가장 큰 이유일 것이다. 수학의 경우 앞으

로 중학교까지 남은 2~3년이 차지하는 비중은 매우 크다. 어차피 아이가 중·고등학교에 진학하면 가르치기 더욱 힘들 것이기 때문에 부모로서 해 줄 수 있는 시기도 이때뿐이다. 더 이상 뒤로 미루거나 '어떻게 되겠지' 하는 안일한 생각은 회복의 기회조차 없애는 꼴이 된다. 부모는 기꺼이 책임을 떠맡고 결정을 내려서 기회를 놓치지 않아야 한다.

둘째, 계획에 맞는 행동의 중요성

무엇을 해야 하고, 우선순위를 어디에 둘 것인가에 따라 계획을 짜야 한다. 수학은 계통적 특징을 갖고 있어 부족부분이 있는 곳 이후로는 거의 다 부족할 것이다. 앞으로 1년 6개월에서 2년 이내에 내 아이에게 기대하는 결과가 무엇인가를 구체적으로 알자.

수학에서 부족부분은 반드시 메워야 하겠지만 1차적으로 중학교에 올라가기 전까지는 시간을 고려해야 한다. 그 출발점이 암산력이든 빠르기든 최종 목적지는 분수를 능숙하게 하는 것이다. 다른 부분이 다소 미진하다 해도 분수를 잘하는 데 사용할 시간을 고려하여 계획을 짜야 한다.

셋째, 부모와 아이가 함께 하는 공부

부족부분을 메우기 위해서는 맨 처음 막힌 곳이 아니라 막히게 만든 부분으로 돌아가야 한다. 목표에 도달할 때까지 반복해야 하고 그 성과 측정은 구체적인 테스트를 통해야만 한다. 이를 위해서는 효과적인 학습 방법에 대한 아이와의 공감대 형성이 중요하다.

매일 두, 세장 정도를 풀게 하는데 아무리 급해도 아이가 힘들 정도로 많이 푸는 것은 좋지 않다. 오히려 더 풀고 싶은 마음이 들게 할 정도로 양을 줄여야 한다. 때에 따라 정말 힘든 문제라면 하루에 한 문제도 좋다. 풀기 전에 원리를 설명해줄 수 있는 부모라면 설명해주고, 그렇지 않으면 다 풀고 채점을 해주는 정도면 된다. '풀 수 없어서 가르칠 수 없다'는 학부모도 있는데, 사실 부모가 문제를 풀 수 없다 해도 상관없다. 어렵다면 같이 풀어보고 먼저 이해한 사람이 알려주면 된다. 부모도 아이도 풀 수 없다면 풀 수 있는 사람을 함께 찾아가면 된다. 중요한 것은 그 문제를 풀고 이해하는 것보다 그 문제해결을 위한 노력의 과정이다. 단, 부모가 풀 수 있는 문제라고 해도 풀이 과정을 일일이 설명해서는 안 된다.

메이드인 부모님 학습지로 공부할 때 주의점

첫째, 일주일에 5~6회는 반드시 공부하게 하라.

수학은 일주일의 공부만으로도 그 미세한 차이를 느낄 수 있다. 일주일에 몇 회의 학습이 성과가 가장 높은가를 시험해 본 적이 있었다. 1~2회 보다는 3~4회의 성과가 월등히 높았고, 5~6회는 3~4회보다는 오차 범위 내에서 약간 높았다. 일주일 내내 쉬지 않고 하는 것은 당장은 5~6회와 성과와 비슷한 듯했지만 3주 쯤 지났을 때 오히려 잊어버리는 확률이 높았다. 익힌 내용을 머릿속에서 정리하는 시간이 필요하기 때문이다.

5회와 6회를 구분해 보려고 여러 번 시도해 보았지만 차이를 구분하기는 어려웠다. 싫증을 많이 느끼는 아이에게 3~4회를 시켜보니 오히려 한꺼번에 몰아서 하여 그 횟수가 1~2회로 떨어지는 경우가 발생했다. 절대 3회 이하로 횟수를 줄이면 안 되며, 특히 연속해서 3일 이상 안하면 감각이 떨어지고 더욱 하기 싫어지니 각별히 주의해야 한다. 만 6세 이전에 수학학습지를 시키면 안 된다는 결론을 얻기까지 무려 4년이 걸렸다. 이 실험을 2개월에 걸쳐서 했기에 확신할 수는 없지만, 현재까지의 경험으로 비추어 보면 아이에게 주 5~6회를 시키는 것이 바람직해 보인다.

둘째, 보통 두 장에서 다섯 장! 단 도형 파트는 더 많아도 좋다!

암산력이나 빠르기를 해주는 1~2단계와 5~6단계는 어떤 학년이든 세 장 이하로 줄여서는 안 된다. 하지만 4, 5학년이고 시간이 급하다면 다섯 장까지는 가능하다. 아무리 바쁘다 해도 다섯 장을 넘기면 안 된다.

자연수의 확장이나 분수를 다루는 3~4단계, 7단계, 9~14단계는 두 장을 공부해야 하나 다급해도 세 장을 넘기면 안 된다.

문장제인 8단계와 15단계는 두 장을 기본으로 하되 어렵다고 하는 곳에서는 한 장 아니면 하루에 한 문제도 괜찮으니 시간에 구애받지 말고 익히게 하라. 도형은 다섯 장을 기본으로 하되 열 장까지는 무방하다. 다만 도형에서도 어려운 곳, 특히 문장형문제가 있는 곳이면 특별히 하루에 두 장도 좋다.

셋째, 한 권을 여러 번 반복하고 특별한 경우가 아니면 단계를 넘나들지 마라.

수학은 '무엇을 푸느냐'가 관건이다. 첫 단계는 기본과 개념에 해당하는 문제를 풀어야 한다는 것이다. 그 다음 개념을 익히는 문제를 많이 풀고 확장에 해당하는 문제를 풀어야 한다. 학습지를 부모님이 만들거나 시중의 문제집을 사서 풀릴 때 개념이 잡힐 수 있도록 여러 번을 풀어야 효과를 보게 될 것이다.

넷째, 완성도는 오로지 테스트만으로 판단하라.

테스트를 통해서만 완성도를 평가하고 다음 진도를 결정해야 한다. 그날 테스트하기 전에 수학공부를 먼저 해서도 안 된다. 연습한 직후에 해서는 올바른 평가가 이루어지지 않는다.

'대충 이 정도면 됐지'는 금물이다. 부모의 실력을 판단기준으로 하게 되면 자칫 부모의 전철을 밟게 될지도 모른다. 수학은 항상 다음 문제를 위한 준비과정이며 부족한 것은 지금 나타나지 않는다. 나중에 알아채면 되돌릴 시간이 없다. 특히 수학의 기본인 수와 수식을 배우는 초등학교에서 하나를 배우는 것은 하나가 아니다. 튼튼한 두 개의 개념은 두 개가 아니라 세 개다. 만약 세 개의 개념을 가르치면 조합에 의해 6개의 지식을 쌓을 수 있다. 튼튼한 개념은 늘어가는 지식을 만나서 빛을 발한다. 만약 부실하게 개념을 쌓아 가면 머리에서 꺼내 쓸 수 없는 상태가 된다.

대나무도 마디가 있고 굴러다니던 돌들도 세 개만 쌓아 놓으면 탑이 된다. 매듭을 지어야 한다는 말이다. 하나하나 익힌 후 본 책에 수록된 테스트지로 성과를 측정하고 완전하다고 판단될 때에 비로소 매듭을 지어 자신감도 심어준 뒤 다음 단계로 나가야 한다.

3부

초등수학 만점을 위한 9가지 전략

초등수학 공부법의 3단계 접근법

1단계. 수와 연산기호 배우기

수의 연산을 연산기호와 함께 배운다. 쉽다고 느끼는 덧셈(+)이나 뺄셈(−)도 처음부터 의미를 가르치면서 연산을 시키지는 않는다. 의미부터 가르치는 것이 더 어렵기 때문이다. 공부를 하다 보니 커지고 작아지는 것을 알게 되었을 것이다. 곱셈(×)도 구구단부터 가르치지 의미부터 가르치지 않는다. 설사 알려주고 구구단을 가르쳤다 해도 외우는 과정에서 다 잊어버렸을 수도 있다. 나눗셈(÷)의 포함제에 관한 것은 학교과정에서는 아예 가르치지 않고 있다. 연산을 하면서 연산기호의 의미를 튼튼히 가르쳐야 한다. 그런데 수는 중·고등학교를 거친다 해도 결국 자연수와 분수밖에 없다. 자연수와 분수의 사칙연산을 외면하고 이것저것 하려고 하는 것은 정작 중요한 것을 보지 못하는 꼴이다.

2단계. 수식과 수들 간의 관계 알기

수학은 결국 구체적인 사물들이 없어지고 수와 수식만 남게 될 것이다. 그렇다면 수식을 보고 그 의미를 알 수 있어야 한다. 예를 들어 2+3=5라는 식은 2에다 3을 더함으로서 5가 만들어진다. 이것이 모으기와 가르기에 의해서 처음 도입되겠지만, 결국 2와 5와의 관계, 3과 5와의 관계는 수식을 통해서 얻게 된다. 수식과 수들과의 관계인 확장을 생각할 수 있게 되고, 연산이 잘 다져진 경우에는 더 쉽게 할 수도 있다. 확장의 최종 목표는 함수지만, 최우선은 연산기호가 되고 등호나 부등호의 의미, 그리고 함수를 사용하는 전 단계까지 알 수 있도록 해야 한다. 그런 다음에야 수학의 수식을 읽을 수 있는 터전이 마련된다.

3단계. 문장제 문제의 해결력 높이기

그 다음 쓰기를 시도하게 하는 것이 소위 말하는 문장제 문제다. 문장제는 문제해결력을 높이는 것이 목적이다. 많은 아이들이 문장제를 어려워하는 이유는 수학이라는 언어의 최종단계이기 때문이다. 문장제는 수와 수식을 읽을 수 있어야 하며, 수학에서 사용하는 용어를 이해하고 사용할 수 있는 능력까지 요구하기 때문이다.

정리하면 자연수의 덧셈과 뺄셈을 암산이 될 정도로 익혀 이를 확장시키고 곱셈과 나눗셈을 통하여 빠르기를 완성시킨다. 이로써 사칙연산을 배웠으니 연산기호와 같은 수식을 익히고 문장제까지 확장하려는 노력을 한다.

그 다음 분수의 개념을 배우고 분수의 사칙연산을 자유자재로 할 수 있도록 연습하고 자연수에서 배운 연산기호의 의미를 분수에서도 똑같이 사용하도록 해준다. 이를 바탕으로 비와 비율이며 비례식 등 분수의 확장을 해주면 초등수학에서 해주어야 할 것을 해준 것이다.

자연수 연산_ 오로지 빠르기만 남는다

암산력, 덧셈과 뺄셈을 무시하면 고등수학까지 위태롭다

할 줄 안다고 안심하지 마라. 덧셈보다 뺄셈을 더 잘한다거나 덧셈, 뺄셈이 안 되는데 곱셈, 나눗셈을 잘한다는 것은 있을 수 없는 일이다. 그런데 대부분 학부모의 경우 기본을 위해서 덧셈부터 튼튼히 하라고 충고하면 '할 줄 안다'며 고개를 가로젓는다.

물론, 쉽게 느껴지면 다른 새로운 것을 하고 싶어 하는 것이 인간의 속성이다. 그러나 높은 건물을 짓기 위해서는 더 아래로 땅을 파 들어가야 하듯 수학 실력을 튼튼히 하기 위해서는 기본에 충실해야 한다.

다소 오답이 나오긴 하지만 자연수의 덧셈, 뺄셈을 못하는 아이는 거의 없다. 여기서 중요한 것은 암산력이다. 암산력은 당장 구구단과 함께 수학의 빠르기를 결정한다. 이것은 분수에서도 중요하게 쓰이지만, 중학교에 가서는 −(음수)를 배운 후 정수의 셈으로 확장한다. 암산력이 부족하면 '+7−15'나 '−7−8'을 해야 할 때 불편해진다. 위와 같은 문제가 나올 때마다 항상 −(15−7)이나 −(7+8)로 고쳐서 풀 수는 없다. 시간이 부족하여 심적 여유가 사라지면 부호를 빼먹어 오답을 낼 수 있다.

초등학교 때 덧셈뺄셈이 느리거나, 20문제 중 19개를 맞는 실력이라면, 많이 연습해도 중학교에서는 10문제 중에 9문제 맞추게 된다. 고등학교에서는 수학 문제 1문제당 덧셈뺄셈이 5번 정도 나오니 한두 문제마다 이 중에서 1개는 틀리는 셈이다. 고등학교의 오답도 대개 곱셈나눗셈이 아닌 덧셈뺄셈에서다. 설사 10문제 중에 하나를 덧셈뺄셈에서 틀린다 해도 짜증이 나기는 마찬가지다. 그러므로 초등학교 때 반드시 빠르고 정확하게 해야 한다.

1학년의 암산력은 2학년의 세로셈을 무리 없이 할 수 있는 정도가 아니라, 3학년의 곱셈과 나눗셈에서 요구하는 수준까지 길러야 하며, 초등 5학년의 분수사칙계산은 물론 고1이 요구하는 것의 기본을 닦아야 한다.

암산력을 채워주기 위한 특급처방

암산력은 덧셈과 뺄셈의 가로셈에서 이루어진다. 덧셈뺄셈을 보강하려고 할 때 가로셈은 쉽고 아이가 잘한다고 생각하여 2학년에 해당하는 세로셈을 하는 경우가 있다. 그러나 이렇게 하면 원하는 암산력을 얻을 수 없다. 따라서 이에 해당하는 학년은 1학년이다. 수학익힘책의 문제까지 다 합하여도 200문제도 안되며 이를 반복시키지도 않는다. 이 정도를 풀어서는 암산력은 커녕 덧셈뺄셈이 되리라 기대할 수조차 없다. 그런데 당장 확장부터 하려고 세 수의 연산과 좀 더 큰 수의 연산을 한다. 사교육을 예상하지 않고는 공교육만으로 해결할 수 없는 첫 단추인 셈이다.

:: 기존의 학습지를 암산력 학습용으로 엮는 방법

교과서 편성대로 되어있는 문제집은 문제가 적어서 이를 활용하기 어렵다. 그런데 시중에 연산만 다루고 있는 학습지들이 있다. 이를 곧바로 활용해도 문제없다. 다만 이들 연산학습지도 점차 큰 수로 나갈려고만 한다. 그래서 연산학습지를 순서대로 전부 풀려고 생각해서는 안 된다. 덧셈에서는 한자리 더하기 한자리와 두 자리(20전의 수) 더하기 한자리만을 같은 문제집을 여러 권 사서 풀면서 빠르기를 체크해야 한다. 뺄셈도 마찬가지로 한자리 빼기 한자리, 두 자리(20전의 수) 빼기 한자리, 두 자리(20전의 수) 빼기 두 자리(20전의 수)만을 한다. 처음부터 덧셈과 뺄셈을 혼합시키는 것은 효과가 떨어진다.

:: 학습지 편집 요령

좀더 의욕이 있는 학부모는 학습지를 직접 만들어 가르칠 수 있다. 특히 덧셈과 뺄셈은 만들기 쉬워서 컴퓨터에 입력시키고 출력해서 사용하면 된다. 빽빽하면 쉽게 지루할 수 있으니 1장(앞면에 10문제 뒷면에 10문제)에 20문제씩 덧셈과 뺄셈을 각각 50장을 만들어 하루에 3~5장씩 시키면 된다. 그런데 어떤 문제를 넣느냐가 가장 고민이 될 것이다.

아이마다 특성이 다르다고 하지만 틀리는 유형은 비슷하다. 테스트를 해서 부족부분을 알아야겠지만, 보통 덧셈을 해가면서 수 분해를 하는데 아이들이 가장 어려워하는 곳이 7이다. 그래서 6+7, 7+4, 7+8, 8+5이 가장 많은 문제점을 안고 있다. 이것들이 부족하면 16+7, 17+4, 17+8, 18+5에서 아니면 뒤바뀐 수인 7+16, 4+17, 8+17, 5+18에서 많이 틀리거나 시간이 걸린다. 마찬가지로 빼기에서도 13−7, 13−6, 11−7, 11−4, 15−7, 15−8, 12−5 12−7, 13−5, 13−8에서 오답을 갖게 된다. 50장 정도면 유형별로 다 다루면서 반복시킬 수 있는 분량이다. 특히 위 문제를 좀 더 넣는다면 문제점을 해결하게 될 것이다.

3학년, 20문항을 40초에 해결하라

빨리 풀면 오답을 걱정하는데 오답이 나오면서 빨라지지는 않는다. 아이가 아무렇게나 답을 쓰지 않는 한 답에 대해 의심이 생기거나 틀린 것 같은 불안감이 있는 상태에서는 빨라질 수 없기 때문이다. 암산력이 잘 다져졌는지를 판단할 수 있는 것은 '시간'이다. 덧셈과 뺄셈에서 이해가 중요하지 않다는 것은 아니지만 충실하게 개념을 이해한 뒤에 많은 연습을 해야 한다. 문제는 얼마만큼 해야 하느냐다. 20문항의 같은 문제를 풀 때 학년별로 수준을 체크할 때에는 시간을 기준으로 삼으면 된다.

20문항을 100점이 나온다는 가정 하에 1학년은 50초 대가 나오면 완성 수준이다. 2, 3학년을 거치면서 10초 정도 더 빨라질 수 있는데 그 이후로는 거의 빨라지지 않는다. 따라서 4~6학년이라면 그 목표가 50초 대가 아니라 40초 대에 맞추어야 한다. 더하기를 하면서 10의 보수 개념을 심어주고 수 분해를 제대로만 시켜준다면 1분 40초 대였던 아이가 2~3

달만 해도 50초에서 적어도 1분 정도까지 줄일 수 있다. 최종에는 반드시 40초 안에 들어갈 수 있도록 해야 할 것이다. '초'에 목숨을 거는 것처럼 들릴 수 있겠지만, 이것은 논리적으로 생각하기 이전에 '직관적'으로 계산의 답이 나와야 한다는 것을 의미하기 때문에 매우 중요한 문제다.

모든 개념은 이처럼 직관으로 계획을 세워 논리로 정리하고, 그로 인해 얻은 결과는 다시 새로운 직관을 만들어내는 과정을 거치게 된다. 특히 작은 수의 연산은 직관적으로 나올 수 있도록 튼튼하게 해주어야 한다. 그래야 새로운 개념 즉, 당장은 곱셈과 나눗셈이 되겠지만 이를 받아들일 수 있는 터전이 마련된다. 직관과 논리는 상반되는 듯 보이지만 상호보완의 관계를 갖고 있다. 모든 공부는 직관에 논리성을 부여하는 것이다.

600개만 해결하라

수학의 모든 과정에서 근본 개념은 쉽고 항상 쉬울 때가 중요하다. 자연수에서 연산은 작은 수의 연산과 큰 수의 연산으로 구분되는데, 필자가 강조하고 싶은 것은 작은 수의 연산을 튼튼히 하라는 뜻이다. 그러나 교과 과정에서는 작고 쉬운 수의 연산은 조금만 하고 곧장 큰 수로 옮겨가 아이의 부담을 가중시킨다. 큰 수의 사칙계산으로 인해 공부의 양은 많아지고 아이는 수학을 지겨운 것이라고 생각하게 된다. 게다가 아이가 4학년이나 5학년이라면 시간이 부족한데 이것저것 시키며 순서대로 다 따라갈 수는 없다. 필요로 하는 것만을 정확하게 시켜도 부족한 시간이다.

수의 범위는 20까지의 숫자에 한 자리 숫자의 덧셈과 20까지의 숫자에 20까지의 숫자의 뺄셈이다. 암산력을 위해서라면 더 이상 큰 것을 연습할 필요는 없다. 더 큰 수는 확장에서는 보수로 하거나 어림수를 통하여 연습해주는 것으로 보충해주면 된다. 그렇게 본다면 덧셈에서 20×10인 200개에 서로 바꾼 것을 감안하면 400개이며 뺄셈에서는 20까지의 수에서 20까지의 수를 빼는 20×20이지만 큰 수에서 작은 수만을 뺄 수 있기에 200개이다.

결국 600개만 빠르고 정확하게 할 수 있으면 된다. 만약 좀 더 큰 수까지 해주려는 욕심이 생긴다면 더 필요한 것도 바로 이 부분이다. 그렇지 않고 큰 수도 직접 문제를 풀어서 해결하려고 하면 문제의 수는 기하급수적으로 불어난다. 예를 들어 보자. 두 자리 더하기 두 자리를 하려면 100×100으로 순식간에 10000개로 늘어나게 된다. 만개의 문제면 한 문제씩만 풀더라도 200쪽짜리 5권의 분량이다. 만약 1000의 자리까지 해결하려면 100만개(1000*1000)의 연산이 필요하다. 이는 할 수도 없을뿐더러 엄청난 시간을 투자해야 함은 물론이고 얻고자 한 것을 얻지도 못한다.

거꾸로 구구단을 외워라

고학년이 되어서 암산력을 기르게 된다면 다음 과정은 필연적으로 곱셈과 나눗셈이 될 것이다. 이를 위해서는 반드시 덧셈과 뺄셈을 하는 과정에서 구구단을 해야 한다. 보통 2학년이겠지만 더 고학년이라도 부족 부분은 항상 어느 때고 채워주어야 한다. 구구단을 바로 외우는 것을 다

끝낸다면 구구단을 거꾸로 외워야 한다. 한 단을 일주일 내내 거꾸로 외우고, 아무거나 물어보아서 나올 때에야 비로소 통과하여 다음 단으로 넘어간다. 이렇게 해서 다 외우고 나서는 한꺼번에 거꾸로 외워서 시간이 단축되도록 한다. 최소한 33~36초 이내로 외울 수 있어야 한다.

10의 보수개념이 필요하다

9 짝 1

8 짝 2

7 짝 3

6 짝 4

5 짝 5

4 짝 6

3 짝 7

2 짝 8

1 짝 9

여백에 위처럼 보수를 적어 놓고 덧셈을 하는 동안 몇 달이고 계속 해야 된다. 물론 대부분 아이가 10의 보수를 알고 있을 것이다. 그러나 안다는 것으로는 부족하다. 매일 연습하여 10의 보수개념으로 10이나 20을 만드는 덧셈을 하여야 한다. 10의 보수로 연습해야 수 분해가 되고, 그래야 뺄셈을 그만큼 적게 시킬 수 있게 된다. 많은 아이들이 10의 보수로 덧셈을 연습하지 않고 덧셈을 외운 경우가 많은 데 그러면 뺄셈에서 어려움을 느낀다. 뺄셈도 외우면 되겠지만 문제는 시간이 오래 걸리고 아이는 아이대로 힘들고 가르치는 사람도 난감해진다.

7짝은?

3짝요.

3짝은 7인데. 그럼 7짝이 7이야?

7짝은 3이요.

답만 얘기하세요.

3이요.

답만 얘기하라니까.

3

2짝?

8

9짝?

1

…….

이미 세로셈을 알고 있는 아이는 가로셈을 하다가도 어렵다고 느껴지면 머릿속으로 세로셈을 하려고 할 것이다. 암산력은 절대 세로셈으로는 얻을 수 없다. 아이를 설득해서 절대 세로셈으로 못하게 해야 한다. 만약 세로셈으로 하면 이 부분을 연습하여 얻게 될 것이 반으로 줄 것이다.

수진이의 암산력, 3년을 투자하다

수진이가 초등학교 3학년이었을 때 20문항으로 암산력 테스트를 했다. 결과는 1분 40초, 당연히 두 자리 곱하기 한 자리 수였다. 심지어 곱하기에서 올림수를 적는 것은 물론, 덧셈을 별도로 적어서 푸는 문제까지도 나왔다. 답이야 정확하게 나오겠지만 이정도 암산실력이나 빠르기로 학습을 진행시키기는 어렵다.

엄마 말에 의하면 수진이는 2년 사이에 3개의 학습지를 했고 시중 문제집을 여러 권 풀었다. 또한 학교 성적이 괜찮긴 하지만 아이가 그다지 수학을 좋아하지는 않는다 하였다. 이 정도면 당장 4학년에서 어려워하게 될 것이다. 하지만 엄마의 생각은 달랐다.

수진이는 암산력부터 해 주어야 합니다. 20문항을 풀 때 40초 정도는 나와야 되지요.

아이가 느린 것은 인정하겠어요. 그렇지만 수학을 빨리 푸는 것이

능사는 아니지 않나요? 기초 연산을 해야 한다면 시중의 연산문제 집을 사서 보충해주면 되는데 그러면 학습지를 푸는 것이 의미가 없 지 않나요?

먼저 시중 연산문제집을 선택해서 같은 문제집을 여러 번 풀도록 해 보십시오.

그 후 1년의 시간이 흘렀고 다시 수진이네 집에서 연락이 왔다. 아이가 수학을 싫어하는 정도가 아니라 아예 풀기를 거부한다는 것이다. 그사이 엄마는 서점에서 연산문제집을 구입하여 한번 쭉 풀게 시켰다고 하였다. 그러나 수진이의 빠르기는 나아지지 않았고, 연산 문제만 푸는 것을 극도로 싫어한다는 것이었다. 수진이 어머님에게 필요한 것만을 골라서 같은 문제집을 계속 풀라는 지침을 해 주었지만 그 지침을 그대로 따라하는 학부모는 거의 없다. 필자가 다시 테스트했을 때 수진이의 암산력 수준은 1분 30초로 거의 나아지지 않았다.

드디어 필자가 직접 수진이를 컨트롤해보기로 하고, 쉬운 덧셈과 뺄셈부터 시작하였다. 수진이는 쉽게 싫증을 내는 아이였지만 받아들이는 것은 빠른 편이었다. 8개월간의 공부를 통해 암산력 45초, 거꾸로 구구단 35초까지 나오게 되었다. 두 자리 곱하기 한 자리와 세 자리 나누기까지 7개월이 걸렸다.

벌써 5학년 가을, 빠르기를 해서 분수의 곱셈은 잘하지만 안 배웠던 분수의 덧셈과 뺄셈은 지겹다는 생각을 갖고 있었다. 분수의 개념부터 시작해 분수의 덧셈과 뺄셈에 진도가 이르자 6학년 수학이 쉬워졌다. 꼬박 3년이 걸렸다. 아이가 말한다.

"제가 언제 수학을 어려워했어요?"

빠르기_ 20문항을 1분 20초에 끝내라

논리만큼 중요한 빠르기

빨리 푼다고 점수를 더 주는 것은 아니다. 정확도 위주로 가르치는 학부모가 빠르기를 해주지 않는 직접적인 원인이기도 하다. 그러나 빠르기를 소홀히 하면 수학을 싫어하는 가장 큰 원인이 된다. 그래도 그럭저럭 한다면 초등학교 때에는 괜찮지만, 중·고등학교에 가서는 시간 내에 문제를 풀지 못하게 되거나 수포자의 가장 큰 원인이 될 수 있다.

수학의 빠르기가 필요할 때는 본격적으로 식이 길어지는 중2부터 시작하여 고1 때에 그 진가를 발휘한다. 누구는 1~2분 만에 한 문제를 푸는데, 누구는 5~10분이 걸리고 오답률도 빨리 푼 아이보다 더 많다면 그때 가서야 원인을 찾아낸들 무슨 소용이 있겠는가? 이렇게 다른 아이보다 문제 풀이 속도가 훨씬 느리다면 같은 시간을 공부해도 뒤처질 수밖에 없다. 완성하기까지 1, 2년밖에 걸리지 않는 빠르기를 도외시 하는 것은 길게 보고 공부해야 하는 수학에서 치명타가 될 수 있다.

흔히 수학은 논리적인 학문이라고 한다. 그러나 필자는 곱셈과 나눗셈은 바로 바로 튀어나와야 하고, 구구단 역시 36초 이내에 거꾸로 암기할 수 있어야 한다고 말한다. 논리만큼이나 빠르기가 중요하다는 뜻이다. 예를 들어 3×8은 3을 8번 더한 것이다. 3을 8번 더하는 것을 안다 하여 매번 더할 수는 없다.

더군다나 12÷2와 같은 나눗셈에서 논리는 더욱 빛을 잃는다. 물론 구구단을 잘 외운 아이는 답을 잘 찾는다. 그런데 만일 아이가 모른다고 한다면 어떻게 가르칠 것인가? 2단 구구를 해서 12가 나오는 6이란 답을 찾도록 해주는 것은 논리적이지도 않고, 시행착오를 통한 문제를 푸는 방법이지 원리를 알려주는 것도 아니다. 12÷2는 '12에서 2를 몇 번이나 뺄 수 있을까?'를 묻는 것이다. 문제는 '몇 번이나'와 같은 말을 논리적이라고 할 수 있느냐는 것이다. 12에서 2를 0이나 2보다 작은 수가 될 때까지 계속 빼가는 것을 보여 줄 수는 있다. 하지만 나눗셈을 할 때마다 이것을 생각하며 문제를 풀 수는 없다.

머릿속에 가지고 있는 여러 가지 개념 중에서 필요한 것을 꺼내 오는 것이 논리적인 사고만으로 가능하지는 않다. 모든 수학의 문제 풀이 과정은 논리의 연속이고, 논리와 논리 사이를 직관이 메워 준다. 곱셈과 나눗셈을 빠르게 연습해서 직관적으로 나오게 하는 것은 논리가 아니라 수학적 감각이고 직관이다.

평생의 빠르기는 3학년 때 끝내라

정규 과정대로라면 1학년의 암산력, 2학년의 구구단과 3학년의 곱하기와 나누기로써 평생의 수학의 빠르기는 끝난다. 이때까지 빠르기를 해주었다면 아이는 평생 수학을 빨리 풀 수 있게 되고 그 반대라면 결과 또한 반대일 것이다. 수학의 빠르기는 언제라도 강화시켜 줄 수는 있지만 고학년일수록 시간적인 여유가 없다.

초등학교 때 암산력 강화에만 치중하다가는 제일 중요한 분수를 배울 시간이 부족하게 된다. 빠르기를 못해 자연수 연산이 느린 것은 고생스러운 일일 뿐이지만, 분수를 못하게 되면 수학 자체를 계속 해나갈 수가 없게 된다는 것을 알아야 한다. 따라서 되도록 3학년 때 빠르기를 끝내는 것이 좋다.

4학년이라면 아직 암산력부터 시작해서 빠르기를 시켜줄 시간이 있다. 4학년의 큰 수의 연산을 접고 암산력과 구구단부터 길러서 빠르기를 완성하는 데 최소 1년~1년 6개월 정도 걸린다. 그리고 나서 곧장 분수로 진입하면 된다.

5학년이라면 암산력부터 길러줄 시간이 없고 곱셈과 나눗셈으로 진도를 잡던지 심각한 수준이 아니라면 빠르기를 접고 곧바로 분수를 해야 한다.

빠르기를 끝내기 위한 특급처방

암산력과 구구단이 빨리 나오도록 선행되어야 하겠지만 빠르기를 연습할 수 있는 곳은 큰 수가 아니라 역시 작은 수의 곱셈과 나눗셈이다. 이것을 연습하는 학년은 3학년이다. 그런데 교과서에는 곱셈이 100문항 정도, 나눗셈이 50문항 정도 나와 있다. 문항수도 적지만 난이도가 낮아서 이를 충분히 했다 해도 4학년의 연산을 준비하기에는 턱없이 부족하다. 특히 나눗셈은 모두 분수로 연결될 것이고 4학년의 세 자리 나누기 두 자리의 셈을 위해서는 세 자리 나누기 한자리까지 완전하게 해야 한다.

:: 기존 학습지를 빠르기 학습용으로 엮는 방법

시중의 연산 학습지를 이용해서 빠르기를 해줄 수 있다. 먼저 곱셈은 두 자리 곱하기 한자리를 한권 정해서 같은 학습지를 여러 번 풀게 한다. 이때 받아 올림수를 적지 않고 암산하여야 한다. 빠르기가 되면 세 자리 곱하기 한자리, 네 자리 곱하기 한 자리, 두 자리 곱하기 두 자리는 각각 10장씩 뜯어서 한두 번 풀 수 있으면 된다. 나누기는 가로셈을 먼저 한권 정하여 튼튼히 하고 다음 세로셈인 역시 한권을 정하고 빠르게 해야 한다. 이때도 아래 식을 적지 않고 몫과 나머지만 적도록 한다. 그 다음 세 자리 나누기 한 자리도 두 자리 나누기 한 자리처럼 하도록 연습한다.

:: 빠르기 목표

3학년 말을 기준으로 20문항을 1분 20초 안에 끝낼 수 있어야 한다.

목표 수준을 정하는 것은 어려운 일이다. 하지만 단순 반복과 같이 연습이 먼저 필요한 것은 수준을 정할 수 있으며, 다음 과정을 위해 사용할 시간을 고려하여 탄력적으로 운용할 수 있다. 3학년 말에 빠르기가 끝나니 4, 5학년 아이에게도 빠르기는 변함없이 1분~1분 20초 안에 들도록 하면 된다.

빠르기는 곱셈부터 해결해야 한다. 올림수가 있는 두 자리의 곱셈을 해가며 구구단을 외우고, 올림수와 십의 자리의 곱을 암산처리 할 수 없다면 올바른 답을 얻을 수 없고 빠르기가 형성되었다고도 볼 수 없다. 곱셈에서 구구단이 2, 3, 4, 5단의 저단이거나, 합의 일의 자리 수가 10을 넘지 않으면 빨리 할 수 있지만 그렇지 않으면 늦어진다. 곱셈은 20문항을 기준으로 했을 때 1분 20초 이내로 끝내는 연습이 필요하다. 구구단을 계속 외워서 시간을 단축하고 지속적으로 반복을 하면 큰 수의 덧셈도 같은 형식이 많아서 저절로 외울 수 있다.

나눗셈의 빠르기는 20문항의 문제에서 두 자리 수 나누기 한 자리 수가 나머지가 없다면 40~50초, 나머지가 있다면 1분 10초 이내에 해야 한다. 세 자리 수 나누기 한 자리 수는 나머지가 없다면 1분 10초, 나머지가 있다면 1분 30~40초 이내에 해야 한다.

몇 초를 더 줄이는 것이 지금 당장은 별 것 아닌 듯 보여도 나중에는 큰 차이로 나타난다. 그러지 않아도 다급한 4~5학년에서 어느 정도의 속도와 정확성에 안주하여 '이 정도면 되겠지'라고 생각할 수 있다. 하지만 달구어진 쇠를 몇 번 더 치는 것과 쇠가 다 식은 뒤에 여러 번을 더 치는 것은 그 차이가 크다. 한번 살린 기회를 좀 더 이용할 필요가 있다. 시간을 줄이기 위해 몇 번 더하는 것이 큰 노력을 요하는 것이 아니니 목표를 낮게 잡지 않았으면 좋겠다.

:: 두 자리 수 × 한 자리 수, 세 자리 수 ÷ 한 자리 수까지만 해결하라

곱하기나 나누기를 못한다고 큰 수의 연산을 계속 시키는 것을 흔히 본다. 이는 축구를 하다 선제골을 먹었을 때, 만회하기 위해서 전력질주를 하다가 더 많은 실점을 하는 것과 같다. 수학에서 항상 큰 수는 확장의 한 갈래이지 중요한 수가 아니다.

곱셈의 빠르기는 두 자리 곱하기 한 자리에서, 나눗셈의 빠르기는 두 자리 나누기 한 자리와 세 자리 나누기 한 자리 수에서 다 끝난다. 큰 수가 걱정되면 이를 튼튼히 한 후 할 수 있는가만 확인하면 된다. 곱셈을 할 때는 두 자리 곱하기 한 자리만을 반복해서 하고 당분간 초과되는 수를 해서는 안 된다. 이것이 완성된 아이는 세 자리 수의 곱셈을 쉬워할 것이다. 두 자리 수 곱하기 두 자리 수 이상은 방법만 익히게 하면 된다.

곱셈은 잘되는데 나눗셈이 잘 안 되는 경우는 없다. 나눗셈이 안 된다고 나눗셈을 먼저 하기보다는 곱셈부터 해결하는 것이 빠르다. 보통 문제집이나 교과서는 두 자리 수 나누기 한 자리 수의 나눗셈까지만 치중하는데, 이 부분만큼은 세 자리 수 나누기 한 자리 수까지 해놔야 안심할 수 있다. 물론 큰 수에서도 두 자리 수 나누기 한 자리 수가 가장 많이 쓰이고 중요하지만, 세 자리 수 나누기 한 자리 수까지 해놔야 결국 두 자리 수 나누기 한 자리 수가 쉽게 느껴지고 꺼내 쓸 수 있는 수준이 된다.

만약 곱셈과 뭇창이 잘나오는데도 불구하고 생각보다 나눗셈이 느리다면 빼기가 잘 안 되는 경우다. 이는 나눗셈으로 뺄셈을 보강할 수 있는 기회로 삼아야 할 것이다.

:: 거꾸로 구구단을 계속 외워라

구구단을 바로만 외워서는 아무 구구단이나 꺼내 사용하는 곱셈을 하기 힘들다. 거꾸로 한단 한단 다 외우게 한 다음 구구단이 답 없이 거꾸로 적힌 시트지를 꺼내놓고 앞으로 36초 안에 나오게 해보자고 하면 아이는 처음에는 안 된다고 한다. 모든 아이가 그 시간 안에 들어갔다 해도 믿지 못한다. 그러나 스스로 몇 달 동안 연습해서 36초가 나오면 아이는 뛸 듯이 기뻐한다. 이렇듯 빠르기를 해주는 것은 아이에게 자신감을 심어주는 계기가 된다.

:: 나눗셈을 위해서는 몫창이 필요하다

몫창은 나눗셈을 빠르게 하기도 하지만, 5학년 때 약수를 구하는 데 쓰이고 약분을 잘하게 만들어 준다. 이 또한 구구단이 33~36초가 나오면 그 다음 곧바로 시행에 들어가 나눗셈이 끝날 때까지 지속해주는 것이 좋다. 거꾸로 구구단이 33~36초가 되면 완전할 것 같지만 사실 완전한 것이 아니다. 많은 아이들이 구구단 중에서 21, 24, 28, 32가 나오는 구구단을 아직도 헷갈리고 있다. 이를 크로스 체크하는 것이 몫창이고, 이것까지 되어야 나눗셈까지 할 수 있는 구구단 외우기가 된 것이다.

몫창이 빠를수록 나눗셈이 빨라질 것이다. 몫창에 쓰이는 숫자는 더 있지만 내가 아이들에게 사용하는 숫자는 다음과 같다. 한꺼번에 하는 것이 어려우면 일주일에 4개 단위로 계속 추가하며 외우게 한다. 몫창을 잘하면 여기에 추가하여 물어보아라.

　이이는? 삼삼은? 사사? 오오? 육육? 칠칠? 팔팔? 구구? 십십? 십일 십일? 십이십이? 십삼십삼? 이는 십일십일 이상의 두 자리 곱하기 두 자리 수는 직접 곱하게 하여 곱하는 순서와 자리수를 쓰는 곳을 잊지 않게 하고, 정사각형의 넓이를 보고 한 변의 길이를 알게 해준다.

팁_ 몫창

구구단을 외울 때 바로 외우는 것을 '순창', 거꾸로 외우는 것을 '역창', 아무 구구단 이나 물어보는 것을 '분산창'이라고 한다. 곱셈은 구구단 중에서 아무거나 물어보는 것이고 그렇다면 분산창까지 잘 되어야 하나 분산창은 놀이 형태가 아니면 재미없어서 하기 어렵다. 그래서 아이들은 '구구단을 외자! 삼팔?'처럼 한다. 그러나 이 또한 학부모가 해주기에는 어려움이 있다. 그래서 구구단을 거꾸로 전부 할 수 있도록 해야 한다. 그런데 나눗셈까지 잘하기 위해서는 이도 부족하다. 그래서 '몫창'이라는 것이 필요하지만 이를 연습시켜주는 것을 보지 못했다.

몫창이란 어떤 수의 몫이 될 수 있는 수를 찾는 것이다. 예를 들어 12라는 수는 $12 \div 2=6$, $12 \div 6=2$, $12 \div 3=4$, $12 \div 4=3$에서 몫이 되는 6, 2, 4, 3을 찾는 것이다. 그래서 만약 엄마가 '12'라고 하면 아이가 구구단 범위인 '이육십이, 육이십이, 삼사십이, 사삼십이'를 바로 말할 수 있도록 한다. 그러면 12라는 숫자와 나누는 2라는 숫자만 보고 곧바로 6이라는 숫자를 생각하게 만든다. 몫창은 당장 나눗셈을 빠르게 하기도 하지만, 5학년에서 약수를 구하는 데 쓰이고 약분을 잘하게 만들어 준다.

8	2*4=8, 4*2=8, 8*1=8
12	2*6=12, 6*2=12, 3*4=12, 4*3=12
15	3*5=15, 5*3=15
16	2*8=16, 8*2=16, 4*4=16
18	2*9=18, 9*2=18, 3*6=18, 6*3=18
21	3*7=21, 7*3=21
24	3*8=24, 8*3=24, 4*6=24, 6*4=24
28	4*7=28, 7*4=28
32	4*8=32, 8*4=32
36	4*9=36, 9*4=36, 6*6=36
42	6*7=42, 7*6=42
48	6*8=48, 8*6=48
49	7*7=49
54	6*9=54, 9*6=54
56	7*8=56, 8*7=56
63	7*9=63, 9*7=63
64	8*8=64
72	8*9=72, 9*8=72
81	9*9=81

때를 놓쳤지만 노력으로 이겨낸 준영이

준영이를 처음 만난 건 중학교 1학년 중순경이었다. 덧셈과 뺄셈은 그리 느리지 않았지만 구구단조차 헷갈리고 있다는 게 문제였다. 준영이는 초등학교 때 몸이 많이 아파서 몇 달씩 학교를 가지 못했고 공백기를 메우기 위해 학원을 다니고 과외를 했다. 하지만 공부에 취미를 붙이지 못하는 상태였다.

준영이의 출발점은 구구단과 곱셈이었다. 중학생이 구구단부터 시작하는 것은 나로서도 흔치 않은 일이었지만 건너뛸 상황이 아니었다. 이처럼 수학은 아이의 나이나 학년과 상관없이 항상 부족한 곳부터 짚어야 한다. 구구단을 바로, 그리고 거꾸로 외워가며 두 자리 곱하기 한 자리 수를 공부하기 시작했다. 다행히도 준영이는 꼬박꼬박 시키는 대로 해 주었다. 아이를 가르칠 때 선생님이나 학부모가 가장 많이 실수하는 것은 '빨리', 그리고 '잘하게' 해 주겠다는 욕심을 갖는 것이다. 아이가 수학을 포기하지 않게 하고 싶다면 이런 욕심을 버려야 한다.

중학생인 준영이에게 구구단과 곱셈을 가르치면서 빨리 가지 않으려고 노력했다. 대신 곱하기와 나누기에서는 상대적으로 덜 중요한 부분은 빼는 형식으로 교재를 편집하였다. 준영이의 공부는 대략 다음과 같은 순서로 진행되었다.

구구단과 곱셈 ⇨ 곱하기와 나누기는 교재를 편집하여 공부함 ⇨ 5번 이상 반복학습을 시킴 ⇨ 6개월만에 1분 30초 대 진입 ⇨ 분수로 들어가 같은 작업을 지속함 ⇨ 8개월 후 중학교 과정에 진입 ⇨ 중 1 정수과정에서 다시 3개월 정도 소요 (덧셈과 뺄셈에서 나온 오답으로 예정보다 1개월 정도 더 걸림) ⇨ 방정식에서 2개월 소요 ⇨ 준영이가 중학교 3학년이 됨 ⇨ 중 2학년 과정을 건너 뛰고 중 3학년 과정의 무리수를 공부함 ⇨ 중학교 3학년 1학기 중간고사에서 21점을 받음 ⇨ 그 후 인수분해만 집중적으로 공부 ⇨ 방정식 확장 3개월 정도 걸림 ⇨ 공부를 시작한지 2년이 넘은 3학년 1학기 기말고사에서 함수 두 문제를 틀려 90점 대에 진입 ⇨ 그 이후에도 90점 이상 성적 유지

2

연산기호_ 사고력의 단초

자연수 확장이란?

양의 개념과 수의 계열(수 세기), 그리고 기본적인 연산이 이루어진 뒤 큰 수의 연산을 하거나 다양한 개념과 섞여 있는 모든 문제를 자연수의 확장이라고 할 수 있다. 이 책에서 말하는 암산력과 빠르기가 기본연산에 해당하는 것이고, 그 다음으로 자연수의 확장을 시도해야 한다는 것이다.

하지만 3~4학년 교과서를 보면 마치 큰 수의 연산만 확장인 것처럼 나와 있다. 그러나 큰 수의 연산을 확장으로 받아들이면 안 된다. 큰 수의 연산은 교과서를 따라하는 것 정도에 만족해도 된다. 자연수의 확장에서 가장 중요한 것은 필자가 개념이라고 강조한 기호들의 의미다. 재미있어 보이는 다양한 확장의 갈래들보다 가장 중요하게 생각해야 할 것이다. 몇 가지 확장의 갈래를 논할 것인데, 기본을 튼튼히 하였다면 다양한 개념을 익히게 하는 것이 어렵지 않을 것이다. 다만 문제가 되는 것은 가르치지 않는다는 것이다. 예를 들어 보자.

'다음 수 막대는 몇 도막으로 되어있나요?'라는 질문을 해 보자. 수 막대 밑에 숫자가 있지만 많은 5~6학년 아이들도 '10도막'이라고 한다. 답은 9도막이다. 대부분의 학부모는 답이 틀리면 도막을 하나하나 잘 세지 않고 대충 풀어서 그렇다며 꼼꼼하기만을 원한다. 물론 세어보기만 해도 답을 맞힐 수 있다. 그러나 개념을 알려주는 것은 아니다. 다음도 같은 개념의 문제다.

'통나무를 잘라서 9도막이 되려면 몇 번을 잘라야 하나?', '9Cm 길이의 선분에 1Cm마다 점을 찍는다면 최대 몇 개의 점을 찍을 수 있을까요?' 답은 각각 8번과 10개다. 이 두 문제는 다시 '1과 10사이에 있는 자연수는 몇 개인가?', '1에서 10까지의 자연수는 몇 개인가?'와 근본적으로 같은 문제이다. 사실 이 유형의 문제는 1학년부터 옷만 갈아입고 6년 내내 문제가 나온다. 개념을 잡아주지 않고 단순히 아이에게 꼼꼼하게 풀기만을 바란다면 오답을 피할 수 없다.

자연수 확장의 목표는 결국 함수다

고등학교 교과서를 볼 기회가 있다면 잘 살펴보길 바란다. 함수라는 이름으로 나온 단원만 절반이 넘을 것이다. 설령 함수라는 이름이 나와 있지 않은 단원이라 해도 대부분 함수라 생각하면 된다. 방정식이 함수와 통합되었고 미적분과 수열처럼 함수와 상관없어 보이는 과목들도 모두 함수다. 결국 고등학교 수학의 80~90%는 함수로 채워진다.

그렇다고 함수 자체를 미리 공부할 필요는 없다. 초등학교에서 배우는 개념이 모두 함수에서 사용될 것이기에 차곡차곡 준비를 해주면 되기 때문이다. 다만 수의 확장이 좀 더 직접적인 함수의 연결에 도움이 된다. 따라서 중·고수학을 대비하는 초등수학이 되기 위해서는 반드시 기본적인 연산능력을 길러 주어야 한다. 그 기반 위에 기호의 의미, 무엇을 기준으로 삼아야 하는지에 대한 생각 정리 등 문장제를 풀 수 있는 힘까지 필요하다. 이처럼 기본이 되면 본격적인 수학의 확장을 해야 한다는 것, 항상 염두에 두어야 한다. 이를 준비하는 것이 초등수학이다.

자연수의 확장을 위한 특급처방

자연수의 확장만 다루고 있는 문제집은 없다. 따라서 기존의 문제집을 재편집하는 부모의 노력이 절실하다. 자연수 확장용으로 문제를 엮기 위해서는 문제의 유형을 분류할 수 있어야 한다. 자연수 확장의 방향은 크게 기호의 의미, 어림수, 수의 범위, 수의 규칙, 등식의 성질, 경우의 수 등으로 나눌 수 있다. 이 중에 가장 중요하다고 할 수 있는 기호의 의미가 교과서에서는 깊이 있게 다루지 않았다.

기호의 의미는 필자의 책 『초등수학 개념사전 62』를 참조하기 바란다. 그런 다음 문제집을 살펴보고 유형별로 문제를 발췌하고 난이도별로 문제를 배열한다. 이것저것 하려들지 말고 하나의 개념을 튼튼히 한다는 마음으로 하나씩 해결하는 것이 빠르다. 이 중 수의 합산과 분해가 까다롭게 되어 있는 부분이 많은데 이들은 대부분 등식의 성질과 관련 되어 있다. 특히 4, 5학년이면 삼각수와 관련된 부분, 6학년이라면 경우의 수 부분을 빼놓으면 안 된다. 그런데 이렇게 얘기하지만 이것을 직접 발췌해서 해줄 수 있는 부모가 얼마나 되나 라는 생각이 들어 글을 쓰면서 가슴이 답답해져온다.

남의 가슴에 불 질러 놓고 수습을 안 한다고 필자를 원망하는 모습이 눈에 선하지만 그 부분까지 다룰 시간이 부족하다. 확장의 갈래를 발췌해서 하나하나 한다면 좋겠지만 그렇지 못하다면 기호의 의미라도 확실하게 잡고 시중의 학습방법을 택하더라도 성과는 있을 것이다.

:: 테스트 결과에 따른 반복의 정도

개념을 다룰 때는 다양한 문제를 풀리겠다는 욕심을 버려야 한다. 오히려 한 개념을 튼튼히 하려고 노력하는 편이 좋다. 따라서 모든 문제집의 확장문제를 다 발췌하지 말고 핵심이 되는 문제를 엄선하여 양을 줄이고 반복하는 것이 좋다.

처음에는 여러 번 풀어야 하지만 여러 번 풀었다해도 아이가 곧 잊어버릴 것을 염두에 두어야 한다. 그래서 처음에는 문제를 잘 해결하도록 연속해서 반복한다. 아이가 잘하면 문제를 치워 버릴 것이 아니라 한 달 후에 다시 풀고 그 후 2~3달 후, 다시 6개월이 되었을 때 다시 푸는 식으로 기간을 늘려가며 계속 풀어가는 것이 좋다. 이때 쉬운 문제를 조금씩 없애서 양을 줄이는 것은 아이의 부담을 줄이는 방법이다.

:: 반드시 '기준'을 세워라

수의 연산은 커지는 것(+, ×)과 작아지는 것(−, ÷)으로 나눌 수 있다. 흔히 더하면 커지고 빼면 작아진다는 말을 한다. 그런데 커지거나 작아진다고 할 때, 무엇보다 커지거나 작아진다는 기준이 있어야 한다. 수학에서 정말 중요한 것이 이 '기준'이라는 것인데, 실제로는 별로 다루는 경우가 없다. 예를 들어 설명해 보자.

'8+7'이란 덧셈 문제가 있다고 하자. 이 문제에서 기준은 8이다. 8에다가 7을 더하면 8보다 7이 큰 15라는 새로운 '기준'이 생기게 된다. 8과 15라는 두 기준 사이에 7을 더하는 함수 관계가 성립하게 된다. 물론 '7+8'은 기준이 7이고 여기에 8을 더하는 것을 물어보는 것이다. 8과 7은 기준이 바뀌어도 답은 바뀌지 않게 되고 그 둘을 모두 기준이라고 보면 '합'이란 말을 사용할 수 있게 된다. 이를 중학교에서는 '교환법칙'이라는 말로 설명한다.

빼기에서도 마찬가지다. '7−4'란 문제에서는 '7'이 기준이 된다. 7에서 4를 빼면 기준인 7보다 작아지는 수가 된다. 다시 4를 기준으로 봤을 때는 4보다 3 큰 수라는 '차'를 구하게 된다. 7과 4를 모두 기준으로 볼 때는 두 수 사이의 '차이'라는 말이 생기게 된다. '차'와 '차이' 사이에는 이처럼 무엇을 기준으로 보느냐의 문제가 있는데, 많은 사람들이 이것을 같은 개념으로 착각한다. 4와 7의 차는 '−3'이고, 4와 7의 차이가 3이 되는 것이다. 이 개념이 불분명해지면 4와 7의 '차'가 3이라고 하는 오류를 범하게 된다. 시중의 문제집에서조차 이런 잘못된 문제가 간혹 발견된다. 쉬운 이야기를 어렵게 한다고 할 수도 있겠지만 이 '기준'이란 문제는 아이의 머릿속에서 생각을 관계로 뻗어나가게 하는 시발점이 되기 때문에 매우 중요하다.

곱셈과 나눗셈에서도 기준은 있지만 이는 연산기호의 의미에서 설명하기로 하고 기준에 대해 조금 더 언급한다.

두 아이가 달리기를 하는데 어떤 아이는 슬리퍼를 신고, 어떤 아이는 꼭 맞는 운동화를 신었다고 하자. 또는 한 아이가 $50m$쯤 앞에서 출발했다거나, 몸이 안 좋은 상태이거나, 나이 차이가 나거나 한다면 두 아이의 달리기 실력을 제대로 비교할 수 없을 것이다. 여기서 비교 대상인 두 아이의 달리기 실력 이외는 모두 같아야 정확한 결론을 얻을 수 있다. 이것을 과학에서는 '변인통제'라고 한다. 답을 쓸 때 '−원, −개, −시간, −Km' 등 단위를 쓰지 않아서 틀리기도 하지만 단위를 같게 해주는 것을 못해서 틀리는 아이들도 많다.

$1\dfrac{3}{5}$ 시간과 1시간 20분을 더하라.

기준이 같지 않으면 계산할 수 없다는 사실을 분명히 하라. 앞의 문제에서는 두 숫자 모두 시간 단위로 고치거나 분 단위로 고쳐야 한다. 이처럼 단위가 다른 셈을 하기 위해서는 길이나 넓이, 시간의 단위를 기준이 되는 단위로 고쳐야 한다. 같은 개념으로, 분수는 단위분수가 기준이다. 기준인 분수의 분모가 같아야 두 분수의 크기를 비교할 수 있고 분모의 덧셈과 뺄셈에서 통분의 이유를 설명할 수 있다.

자연수끼리의 연산조차 기준이 같은 일의 자리, 십의 자리, 백의 자리처럼 기준이 같아야만 계산이 가능하다. 그 밖에도 분수에서는 분모가 기준이기에 8 : 3에서 3이 기준, 모든 도형의 넓이에서는 사각형의 넓이가 기준, 키가 163cm라고 했다면 cm가 기준, 3개가 1200원일 때 7개의 값을 구한다면 1개의 값이 기준임을 알게 해야 한다. 이런 기준들을 아이나 가르치는 사람이 쓸데없는 것이라고 판단하여 무시하고 넘어가면, 많은 문제에 대한 설명이 단편적이 되거나 문제를 푸는 기술로 흐르게 된다.

:: 연산기호의 의미를 제대로 파악하라

많은 수의 아이들이 문장제 문제를 풀 때 그냥 숫자만 보고 식을 세우는 경우가 많다. 잘 읽지 않아서이거나 겉 넘은 탓이라고 돌리지만 사실은 연산기호의 의미를 모르는 것이 가장 큰 이유다. 그나마 문제의 식을 세운 아이조차 연산기호의 의미를 알고 식을 세운 것이 아니라 문제의 유형을 익혀서 풀고 있는 경우가 전부다.

지금 당장 아이에게 '곱하기가 무어냐? 나누기가 무어냐?' 하고 물어보자. '나누기가 나누는 거지 뭐예요?' 또는 '문제를 내면 맞히겠지만 그렇게 물어보니 모르겠네요'라는 대답이 나올 것이다. 그러면 좀 더 구체적으로 '12÷4'가 무슨 뜻이냐고 물어보라. 3이라는 답이 아니라 무슨 뜻이냐고 묻는 것이다.

문제란 물어보는 것인데 물어보는 질문의 뜻도 모르면서 답이 나오는 것이 이상하지 않은가? 이런 문제를 지금까지 수백 명에게 물어보았지만 12÷4가 '12에서 4를 몇 번 뺀 건가요?'라는 의미라고 말하는 아이는 아무도 없었다. 그만큼 아이들은 '기호'의 의미를 모르고 기술에 의존하여 무조건 문제만 풀었다는 이야기가 된다.

때로는 먼저 문제를 풀 수 있게 하고 나중에 가르치는 경우도 있지만 끝까지 나눗셈의 의미를 가르치는 과정은 없었다. 학생들 모두 구멍이 뚫린 채로 공부를 해왔다는 뜻이다. 기술에 의존하면 당장은 상관없는 듯이 보이지만 개념은 늘 직관이나 확장에서 문제가 발생한다. 문장제 문제에서 식을 찍거나 분수에서 엉뚱한 오답을 알아채지 못하는 일이 발생하기 전에 이를 메워주어야 한다. 연산기호의 의미를 제대로 아는 것은 무척 중요하다.

덧셈기호와 뺄셈기호는 기준을 설명하면서 이미 언급하였으니 곱셈과 나눗셈의 연산기호부터 설명하겠다. 다음은 필자가 아이들에게 외우도록 하기 위해 설명하는 말이다.

곱하기(×): 같은 수의 더하기가 귀찮아서
나누기(÷): 같은 수의 빼기를 몇 번 뺐는지 세기가 귀찮아서 곱하기(×)는 '같은 수의 덧셈(+)'이다. 많은 아이들이 2+2+2를 곱하기로 바꾸어 보라고하면 2×3으로 곧잘 나타낸다. 그러나 2×3을 더하기로 바꾸라면 2+3으로 나타낸다. 바꾼다고 하면 등식의 성질인 같은 수로 바꾸어야 된다는 것을 모르기 때문이기도 하지만, 곱셈기호의 의미를 완전하게 모르기 때문이다. 곱하기의 의미는 넓이 개념에서도 동일하게 적용된다. 물론 곱셈식인 '2×3'은 2를 세 번 더하는 것이니 기준이 2이다.

간혹 처음 곱하기의 의미를 배우는 아이가 2+2+2+2를 2×3으로 나타내는 경우가 있는데, 이는 덧셈에서 맨 앞의 2를 기준으로 삼고 2가 3번 더해진다는 덧셈의 기준과 혼동하기 때문이다. 몇 번 풀면 곧바로 없어지기는 하지만 이처럼 무의식적으로도 개념은 들어간다. 초등학교에서 덧셈과 곱셈을 혼동해서 문제를 틀리는 경우는 거의 없다. 곱셈의 의미를 잘 알아서가 아니라 덧셈과는 무언가 다르다고 생각하기 때문이다.

중학교에 가서 아이들이 가장 헷갈려하는 것이 바로 덧셈과 곱셈의 구분이다. 왜냐하면 중학교의 모든 식이 덧셈과 곱셈으로만 구성되어 있고 또 그런 눈으로 보아야 하기 때문이다. 아이가 혼동하지 않는 이유는 거듭제곱이 들어오지 않았기 때문이다. 아직 배우지 않았다고는 하겠지만, 아이들이 혼동하고 있는데 해당 문제가 나오지 않아서 모를 뿐이다. 2의 배수를 2, 4, 8, 16, …으로 말하는 아이나, 12×3을 12를 3번 곱했다고 표현하는 아이는 곱셈기호의 의미를 강화해주는 데 그치지 말고 간단하게라도 거듭제곱의 존재를 가르치는 것이 더 낫다.

나눗셈을 명확하게 정의하려면 먼저 '등분제'와 '포함제'를 알아야 한다. 등분제는 나누기를 곧바로 사용하는 것으로 가르치기가 수월하다. 대부분 교과서나 지침서들이 등분제만 설명하는 것도 이런 이유에서다. 하지만 '같은 수 빼기'의 의미를 살리는 포함제를 가르칠 필요가 있다. 다음은 같은 문제를 등분제와 포함제로 각각 써 본 것이다.

등분제 문제

12톤의 화물을 3대의 트럭에 똑같이 나누어 실으려면 한 대에 몇 톤씩 실어야 하는가?

포함제 문제

12톤의 화물을 3톤씩 몇 대의 트럭에 실을 수 있는가?(12톤에서 3톤씩 몇 번을 뺄 수 있느냐는 의미임)

등분제는 $12t \div 3$대$= 4(t)$이 되고 포함제는 $12t \div 3t = 4$(대)가 되어 단위가 다르지만 단위를 붙이지 않으면 모두 식은 $12 \div 3 = 4$가 된다. 대부분 등분제와 포함제를 구분하지 않고 단위인 '톤과 대'를 바꾸어 주면 된다고 포함제에 대한 개념을 언급조차 하지 않는다. 아이가 헷갈려하는 것은 아이에게 알려주지 않았던 포함제에 대한 이해부족이 원인이다. 이는 분수에서도 어려움을 겪게 한다. 이를테면 $1\frac{3}{4} \div \frac{1}{2}$이란 문제에서도 등분제로 설명이 가능한가? 포함제를 가르쳤다면 $1\frac{3}{4}$에서 $\frac{1}{2}$을 몇 번 뺄 수 있을까란 물음의 요지를 알아차리게 할 수 있다. 그렇지 않다면 좀 더 충실한 역연산의 연습으로 어떤 수의 $\frac{1}{2}$배가 $1\frac{3}{4}$이라는 식으로 밖에 연결시킬 수 없게 된다. 이것은 훨씬 어려운 작업이고 의미를 아이의 머리에 집어넣기도 어려울 것이다. 포함제로 설명하는 것이 초기에는 번거로울지 몰라도 의미전달 측면에서는 아이에게 훨씬 수월함을 기억하자.

연산기호의 의미를 알려줘도 이를 바로 살리지는 못하기 때문에 말로 의미를 이해할 수 있도록 해주어야 한다. 아이들에게 '12×3'을 덧셈식으로 바꾸라 하면 많은 아이들이 12+12+12로 바꾸지 못하고 12+3으로 바꾼다. 아이 스스로 '12를 3번 더하면'이라고 말할 수 있도록 여러 번 연습시켜야 한다. 나눗셈에서도 '같은 수들의 뺄셈'이 나누기라고 의미를 심어주지만, '12÷3'을 '12에서 3을 몇 번 뺄 수 있을까?'란 말로는 잘 나오지 않는다. 연산의 의미를 살려서 여러 번 연습해야 비로소 문장제 문제에서 연산식을 이해하며 만들어낼 수 있다.

다음 문장제 문제들을 살펴보자.

사과 12개를 모두 3사람에게 똑같이 나누어주면 한 사람에게 몇 개씩 줄 수 있는가?

이 문제에서 '똑같이 나누어주면'이라는 조건을 배제하면 나눗셈이 성립하지 않는다. 만약 '사과 12개를 3사람에게 나누어준다'라는 말이면 다 준다는 말도 없었고 안주면 안 된다는 말도 없었으니 경우의 수로만 보면 수 천가지가 된다.

2시간에 $240km$ 달리는 자동차가 7시간을 일정하게 달린다면 얼마만큼 갈 수 있는가?

'빠르기가 일정할 때'라는 조건이 없으면 '빠르기가 일정할 때에 달리는 거리는 주행시간에 비례한다'라는 비례관계가 현실에서 정확하게 들어맞는 경우는 거의 없다.

이처럼 문장 중에서 곱셈이나 나눗셈의 의미를 살리게 하는 단서를 찾을 수 있도록 도와주는 것이 필요하다.

:: 기호의 의미 중에 등식의 성질이 가장 중요하다

누가 수학에서 가장 중요한 것이 무엇이냐고 묻는다면 필자는 주저하지 않고 등호(=)를 꼽을 것이다. 그런데 많은 아이들이 등호(=)에 대해 아는 것이라곤 '은/는' 이라고 읽고, 등호 다음에 답을 쓴다는 것밖에 없다. 5~6학년 아이들이 '2+3×7'이란 문제가 있을 때 23이 아닌 35란 오답을 적는데, 혼합계산순서를 알면서도 앞에서부터 순서대로 계산하는 습관 때문이다.

문제는 아이가 '2+3×7=21=23'란 식을 만들었을 때다. 아이는 순서대로 했고 답도 맞았으니 문제 될 것이 없다고 당당하게 주장한다. 곧장 '2+3×7=23'을 적을 만큼의 연산 실력이 되지 않아서 '2+3×7=2+21=23'을 쓰려고 했지만 귀찮아서 이렇게 적은 것이다. 21과 23이 어떻게 같냐고 하면 실수라며 21에 +2를 적는다. 이런 문제점은 23−3×7=21−23=2라는 예기치 않은 식까지 나오게 한다.

초등 고학년이나 선행학습을 하는 많은 아이들이 이렇듯 등식의 성질에서 많이 막힌다. 부모는 이를 역연산으로 가르쳐보지만 긴 식에서 역연산만 가지고는 아이를 이해시키기가 만만치 않다.

등식의 성질은 초등6학년에서라도 충분히 그리고 충실히 해야 하는데, 답만 찾는 아이들은 등식의 성질대로 문제를 연습하지 않는다. 첫 단추를 잘못 꿰면 치명적이다. 중1 교과서에서 등식의 성질은 기껏 한 장 정도밖에 되지 않는다. 곧바로 등호를 지나면 부호가 바뀐다는 '이항'을 공식처럼 가르치고 방정식을 풀게 한다. 그래서 많은 중학생들이 등호(=)를 써야 할 때와 쓰지 말아야 할 때를 구분하지 못한다. 한 가지 예를 들어보자.

−5의 절댓값을 쓰라 하면 '−5=5'라고 아무런 생각 없이 쓴다. 초기에는 '항'의 개념도 불확실하니 $x+2=5$의 문제가 있다면 $x+2=5-2$ $x=3$, 또 $-5x=3$의 문제에서는 $x=8$ 또는 $x=\dfrac{3}{5}$ 이란 식을 거리낌 없이 써 놓는다. 아이는 마치 공식처럼 방정식을 풀 뿐, 등식의 성질에 대해서는 잘 알지 못한다. 여러 번 풀면 오답은 줄겠지만 근본 개념을 모르기 때문에 점차 길어지는 식을 감당하기도, 만들기도 어렵게 된다.

연산이 약한 미국에서도 4학년이면 방정식을 배운다. 우리나라는 방정식을 배우면 방정식의 활용까지 뿌리를 뽑아야한다는 생각으로 도입하지 못하고 있는 듯 보인다. 그래도 위의 예에 비추어 봤을 때, 최소한 등식의 성질만큼은 3학년이나 늦어도 4학년 때에 배워서 충분히 1~2년은 연습할 수 있도록 해야 한다.

:: 내 맘대로 수를 운행할 수 있어야 다른 것이 보인다

작은 수의 연산을 많이 하고 나면 속도와 정확성이 생겨 자신감이 생기는데, 그 자신감을 큰 수의 연산을 하는 데 쏟아서는 절대 안 된다. 오히려 큰 수의 연산은 할 수 있다면 좀 부족하다 싶을 때 멈추고 수의 개념을 살리는 데 치중해야 한다. 이것을 '수를 운행하는 능력'이라고 한다. 즉, 수에 대한 개념을 살려서 수를 마음대로 분해하기도 하고 합성하기도 하며, 자신이 원하는 대로 자유자재로 사용할 수 있다는 것을 뜻한다. 필자는 이것을 '수를 갖고 장난질한다(?)'는 표현을 하곤 하는데, 아이가 이 정도가 되면 수에 대한 거부감이 없어서 다양한 생각과 개념을 이끌어낼 수 있을 것이다.

자연수의 확장 부분을 편집하여 사용하는 학부모는 아이에게 문제를 풀리되 다음과 같은 것을 생각하면서 개념을 잡아주는 것이 좋다.

첫째, 기본적인 등호나 연산기호, 부등호와 같은 기호를 숙달시켜야 한다. 숙달하는 중간에 계산이 아닌 어림수로 답을 예측해보는 시간을 갖는다면 더욱 좋겠다.

둘째, 연산의 의미나 등식의 성질로 역연산과 비교해본다. 부등식을 말로 표현해보고 기준과 수의 범위를 인식하여 그 수가 포함되는지 여부를 확인해본다.

셋째, 이 때 기준을 달리 해보고 수학적 용어인 '이상과 이하'나 '초과와 미만'은 실생활용어인 '~에서 ~까지', '사이의 수' 등을 비교한다. 예를 들어 '16이상 21이하의 수'는 '16에서 21까지의 수'나 '16보다 크거나 같고 21보다 작거나 같은 수로, '16초과 21미만의 수'는 '16과 21 사이'나 '16보다 크고 21보다 작은 수'이다. 그러면 이미 아는 것으로부터 출발할 수 있고 수학이 실생활과 유리되지 않았음을 보여줄 수 있다.

넷째, 초등학교에서 알아야 할 규칙은 몇 개 안된다. 10씩 커지거나 작아지는 것으로 십진기수법을 이해하고 같은 수의 증감으로 규칙을 이해하면 된다. 삼각수가 사각수의 반이 되는 과정이나 '1에서 100까지' 수들의 과정이 삼각수와 어떤 관계를 갖는지 알아보는 시간이 있다면 더욱 좋다. 이 책의 부록 4학년 테스트지에 있는 삼각수와 1에서 100까지의 합을 구하는 문제를 풀어보면서 설명해도 좋을 것이다.

다섯째, 혼합계산에서는 순서에만 집착하지 말자. 순서가 익숙해지면 $5 \times (2+3)$을 $5 \times 2 + 5 \times 3$으로 바꾸는 것이 분배법칙이고, 거꾸로 하는 것이 중3의 인수분해라며 한번 보여주고 직접 아이가 해 볼 수 있도록 한다. 또 같은 수의 곱은 2^3의 연산에 활용된다. 많은 아이들이 2^3을 8이 아닌 6으로 착각하는데 곱과 합의 혼동에서 오는 것이다. 두 수의 합과 곱은 당장 분수에서 사용되고, 중학교의 곳곳에 활용되지만 인수분해에서 본격적으로 쓰일 것이다. 그리고 합과 곱이 0이나 1이 되는 수를 생각해 보게 한다.

이런 종류의 문제는 초등학교에서는 거의 다루지 않지만, 아이들은 쉽고 재미있어 한다. 사실 곱해서 0이 되는 경우는 중학교의 인수분해에 합이 0이 되는 경우는 무리수나 복소수의 상등조건과 맞물려 있다. 이때 문제를 푸는 과정에서 아이는 자연스럽게 '0으로 나누는 문제'에 대해 의문을 갖게 된다. 이를 설명해주면 고등학교 때 나오는 불능과 부정의 개념을 알게 된다. 이런 기초적인 개념을 한 번도 접해보지 못하면 중·고등학교 수학을 어렵게 만든다는 것을 명심하자.

:: 다양한 열 문제보다 한 문제를 열 번 풀어라

개념을 하나하나 튼튼히 길러왔더라도 각 개념들을 연결시키는 것은 별도로 연습해야 하는 것이 수학이다. 이 확장 역시 여러 번 연습하는 것이 필요하다. 확장을 위해 문제집만 여러 권 풀면 숫자만 바뀐 문제라도 아이는 다른 문제로 인식할 수 있다. 다양한 문제집을 섭렵하는 것은 아이에게 뿌듯함과 익숙함만 줄 뿐이다. 확장은 수를 튼튼히 하는 것만큼 많은 반복이 필요하지는 않지만 역시 문제를 걸러내는 노력이 필요다. 또한 확장을 더 시켜주기 전에 복합 개념이 튼튼한지를 확인하는 과정이 선행되어야 한다. 더 넓은 확장을 필요로 한다면, 확장 역시 같은 문제집을 여러 번 푸는 것이 좋다.

4학년 아이의 어머님과 상담을 했다. 아이의 성적이 좋지 않아 작정하고 문제집을 여러 권 사서 풀렸다며 다음과 같은 말씀을 하셨다. 아마 대부분의 어머니들이 같은 생각일 것이다.

"적어도 초등학교에서 한 번은 성적을 올려놓아서 '하면 된다'라는 생각을 아이에게 심어주려고 했습니다."

매일 새벽 1시까지 시중의 문제집은 거의 다 풀게 했지만 결과는 70점대, 하나도 나아지지 않았다. 결국 어머님은 다음과 같은 하소연으로 끝난다.

"내 아이 머리가 이렇게 나쁜지도, 내 성격이 이렇게 안 좋은지도 알게 되었습니다. 창피해서 어디 가서 하소연도 못하겠어요."

이런 문제는 그동안 쌓였던 여러 부족부분이 나타나는 것이지 아이의 머리가 좋지 않아서는 아니다. 머리가 좋은 아이의 부모도 이렇게 말한다. '저학년 때는 문제집을 여러 권 풀리면 효과가 있었는데 고학년으로 갈수록 별 효과가 없는 것 같더군요.' 사실 저학년 때 여러 문제집을 풀리는 것은 개념이 적은 때라 어느 정도 반복의 효과를 낼 수 있다. 하지만 고학년으로 올라갈수록 이런 방법은 아이를 지치게 할 뿐이다.

이처럼 수학실력을 단번에 올리려는 시도가 있지만 대부분 실패한다. 아무리 바빠도 근본 개념을 도외시한 문제 풀이만으로는 성적을 올리기는 어렵다. 문제 유형을 달달 외워 일시적으로 성적을 올리는 경우는 있지만 오래 가지 못한다. 아이에게 더 필요한 것이 기술인지 개념이나 원리인지 생각해보라. 둘 간의 활용 능력 차이를 따져본다면 쉽게 답을 얻을 수 있을 것이다.

꿈이 있는 아이

의사가 꿈인 하나는 집에서 엄마와 함께 공부하는 6학년 아이다. 보통 목표가 크고 엄마와 공부하는 집에서는 아이가 감당하기 어려울 정도로 공부의 양이 많다. 2년 전 처음 만났을 때, 하나 역시 엄마와 함께 여러 종류의 문제집을 풀면서 무척 힘들어 하고 있었다. 물론 아이나 부모나 목표를 위해서는 힘든 것에 대한 각오는 하고 있었겠지만 힘든 것 자체가 공부는 아니다. 게다가 아이는 지금 가야할 길이 먼 초등학생이다. 공부라는 것이 아이의 변화를 이끌어내야 하는 것이기에 기본적으로 어려움이 따르지만 많이 어렵다면 잘못된 길을 가는 것이다.

필자는 하나 어머니를 설득하여 대나무학습법으로 공부방법을 바꾸었다. 대나무학습법은 원래 중고·등학생들을 위하여 필자가 개발한 방법이지만, 공부 때문에 힘들어하는 초등학생에게도 가끔 시키는 공부법이다.

대나무학습법을 자세하게 설명하기는 어렵지만, 한마디로 말하면 '한 권을 반복하여 매듭짓는 공부'다. 공부시간을 줄였지만 문제집도 한 권만 반복하기에 아이는 훨씬 쉽고 여유롭다. 또한 기본을 다져가기에 심리적으로 안정감을 갖게 된다. 무엇보다 하나의 표정이 많이 밝아졌다. 지난 시험에서는 전 과목 올백을 받아보겠다고 해서 '한번만'이라는 단서를 달고 허락하였다. 기본을 다지는 것과 시험을 잘 보는 것에는 약간의 차이가 있다. 시험이라는 것은 기본만 다지는 것이 아니라 확장을 해야 하기 때문에 공부방법이 약간 달라진다. 다행히도 올백을 받았지만 설사 받지 못했다 해도 하나 스스로 목표를 정하고 노력하는 것은 무척 의미가 있는 일이다. 꿈도 목표도 계속 변화하여야 하고 또 그것이 커져가야 제대로 된 공부다. 지난주 하나 엄마는 두 가지의 변화 사실을 알려왔다.

첫째, 아이 스스로 공부하는 시간이 늘어서 자신의 시간이 많아졌고 마음이 편해졌다고 한다. 둘째, 가르칠 때 아이가 암기가 되지 않아서 돌대가리가 아닌가 싶었는데 암기력이 비약적으로 늘었다고 한다.

공부는 항상 목표가 아니라 목표를 위한 수단이다. 하나처럼 꿈이 있다면 아이가 공부의 동력을 갖게 되어 공부의 방향을 알려주면 좋은 성과를 얻을 수 있다. 그런데 많은 아이들은 꿈이 없다. 장기적으로 아이의 꿈을 갖도록 지원해야 한다. 아이에게 공부하라는 말을 줄이자. 비록 당장은 공부에 대한 의지가 없더라도, 기본을 다져서 나중에 꿈이 생기게 되면 공부가 걸림돌이 되지 않는 방법에 대해서 고민해야 한다. 기본을 다지지 않았을 때 가장 걸림돌이 되는 과목이 수학이며 바로 이 지점에 이 책이 있는 것이다.

3_①

분수의 연산_직관력이 생길 때까지 하라

수학의 디딤돌, 분수

지혜엄마는 아이에게 매년 겨울방학이면 다음 학년의 예습을 시켜주었는데, 4학년 겨울방학부터 5학년 약수와 배수 예습을 시키다가 속터져 죽을 것 같다며 학원에 보내버리고 말았다.

3학년까지는 수학이 제일 좋다던 지영이가 지겨워 보이던 큰 수의 곱셈과 나눗셈을 하는 4학년 때도 그런 말 안 하더니, 5학년에 와서는 도대체 누가 수학을 만들었냐며 수학공부를 안하면 안 되냐고 묻는다.

현수네는 집에서 문제집을 엄마와 같이 푸는데, 5학년 2학기가 되자 1학기에 배운 분수의 덧셈과 뺄셈 하는 방법을 그새 다 잊어버렸다며 아이가 머리가 나쁜가 보다라고 한다.

수민이 엄마는 5학년 분수가 중요하다는 말을 들어서 5학년 내내 학원과 과외를 받았으며, 엄마와 배운 것을 체크하여 잘 하는 줄 알았는데 분수의 사칙계산이 잘 안 되는 것을 6학년이 되어서야 알았다.

위 아이들은 그래도 부모가 공부를 봐주다보니 비교적 빨리 부족한 것을 알아채게 된 경우다. 그러나 대부분은 아이를 학원에 보내거나 학습지를 풀리고 있어 그럭저럭 점수가 나오고 있기 때문에 부모는 아이의 부족부분이나 문제점을 인식하지 못하고 있다. 아이들은 어려워도 어렵다는 말을 잘 하지 않는다고 했다. 그러면 중요한 5학년의 분수를 그냥 넘기기 일쑤다. 차후 언급하겠지만 5학년 분수는 앞으로 수학을 해나가는 데 필수 과정이며 자연수의 부족부분이 고스란히 드러나는 시기다.

5학년, 수학이 본색을 드러내는 시기

아이와 더불어 학부모 역시 당황하는 이 시기가 바로 초등학교 4~5학년이다. 기본이 아예 부족한 아이는 3학년 때부터 이미 수학을 싫어하는 아이들도 있다. 요즘은 정보가 빠른 이유도 있겠지만, 대부분 학부모님들은 직, 간접적으로 이런 경우를 경험하기 때문에 아이가 4학년이 되면 걱정하기 시작한다.

4학년은 머리 발달상 분석력이 자라나는 시기이다보니 모든 과목에서 새로운 개념이 나오고, 수학에서도 그동안 배운 자연수의 사칙계산을 바탕으로 숫자가 커지기 때문에 당연히 문제의 유형이 어렵다. 그러나 4학년 수학은 기초를 튼튼히 다져온 아이의 경우, 다소 오답이 나온다 하더라도 계속 풀리거나 걱정할 필요는 없다. 수학이 어려워지기 시작하는 것이 숫자가 커져서가 아니기 때문이다.

초등수학의 결정적 시기는 5학년이다. 이 시기야말로 걱정하고 준비를 튼튼히 해주어야 한다. 5학년은 머리 발달상으로 형식적 조작이 가능해지는 시기로 교육과정으로 보면 분수를 공부하는 시기다. 그런데 아이들은 당장 첫 단원인 약수와 배수부터 어려워하기 시작한다. 그래서 수학을 싫어하고 두려워하는 아이들이 가장 많은 시기다.

그렇다면 왜 5학년 수학을 그토록 어려워하는 걸까? 5학년부터는 분수 자체의 어려움도 있지만 3, 4학년 때 준비가 부족한 데서 온 것이다. 준비 소홀의 이유는 첫째, 대부분 학부모가 3학년의 곱셈과 나눗셈을 쉽다는 이유만으로 수학이 요구하는 수준까지 빠르기를 해놓지 않았기 때문이다. 3학년의 곱셈과 나눗셈은 덧셈과 뺄셈을 할 수 있고 구구단을 그냥 외우고 있는 실력만으로도 100점을 받을 수 있다. 바로 이 정확도만 실력으로 인정하는 학부모의 오류가 빠르기를 소홀하게 하는 원인이 된다. 4학년의 큰 수의 연산은 할 줄만 알면 되고, 3학년의 빠르기를 해주었다면 크게 어려워하지도 않는다. 그러나 분수는 다르다. 가장 간단한 분수의 연산조차 자연수로 보면 최소한 4개에서 9개의 연산과정을 필요로 한다. 이 부분을 어느 정도 암산하지 않고 식을 일일이 쓰라고 하면 할 수 있다 없다를 떠나 지루하기 그지없는 과정이 된다.

둘째, 4학년에서는 연산기호의 의미나 어림수 등 수 감각을 키우는 연습을 중점적으로 해야 하는데, 오로지 큰 수 연산만 오답 없이 하도록 독려하여 정작 길러 주어야 할 부분을 소홀하게 되었다. 분수에 비해 상대적으로 쉬운 자연수에서 기호의 의미나 수 감각을 살려주지 못하면 분수에서 수 감각을 살리기는 더 어려워진다. 그러면 실력이 제자리를 맴돌게 될 뿐이다. 이 상태에서 계속 문제를 풀면 개념보다는 문제 풀이 과정 자체에만 익숙해지게 되고, 이것이 다시 중·고등학교 수학을 어렵게 만드는 원인으로 이어진다.

초등 분수가 중·고등학교 수학의 기초

"초등학교 때에는 수학을 곧잘 했지요. 중학교 때는 사춘기라서 성적이 떨어지더니 고등학교 때 열심히 해서 지금은 많이 좋아졌어요."

고등학생을 둔 학부모님에게서 가끔 이런 말을 듣는다. 그러나 초등학교 때 수학을 지지리도 못했는데, 중학교 때나 고등학교 때 열심히 하더니 되더란 얘기는 들어보지 못했다.

당장은 수학을 싫어하면서 잘할 수 있을지 몰라도 장기적으로는 수학을 싫어하면서 잘하기란 어렵다. 초등 1, 2학년에 자신감을 보이던 아이들이 3학년에 35%, 4학년에 50%, 5학년에 70%, 초등6학년에 80%로 싫어하는 비율이 높아지고, 급기야 중 2학년만 되면 90%에 가까운 아이들이 수학을 싫어하게 된다. 비율이 가장 가파르게 나타나는 때가 바로 분수를 배우는 5학년이다. 그 후에는 분수를 할 줄 하는 아이와 그렇지 않은 아이로 갈라지기에 싫어하는 비율은 다시 완만하게 된다. 이처럼 분수는 초등수학을 완성시키는 분수령이다.

고등학교 때 수학을 다시 잘 하는 아이는 초등학교 수학의 분수에서 그 원인을 찾을 수 있다. 초등학교 수학에서 분수가 차지하는 비중을 묻는다면 거의 전부라고 해야 할 것이다. 초등학교 5학년 아이가 분수의 사칙계산까지 잘 할 수 있을 정도라면 중학교까지 문제는 없을 것이다. 필자의 이런 예상은 빗나간 적이 없다. 분수의 성질을 떠올리는 것만으로도 문제해결의 실마리를 찾게 되는 경우가 많다. 또한 응용문제에서 거의 필연적으로 분수가 도입된다. 이렇게 분수를 튼튼히 하는 것만으로도 중·고등학교 수학이 쉬워질 수 있다.

학원에 다니는 중학교 아이 중에 강의가 이해가 안 된다는 아이들이 있다. 이런 아이들은 분수의 연산조차 안 되는 아이이고, 이 경우 학원 수업은 아무런 도움이 되지 않는다. 이해는 되지만 막상 풀려면 안 된다는 아이는 분수의 개념을 명확히 모르기 때문이다. 이 두 경우에는 먼저 분수를 다져주어야 한다. 중학교에서 학년이 올라갈수록 분수의 사용은 점점 더 많아지고, 중3이 되면 분수를 못하는 100%의 아이들이 수학을 포기하기 때문에 결코 소홀해서는 안 된다.

분수를 정복하기 위한 특급처방

:: 기존의 학습지를 분수 학습용으로 엮는 방법

분수의 개념, 분수의 덧셈과 뺄셈, 분수의 곱셈과 나눗셈, 분수의 사칙계산 등 4권(각권 약 100쪽)으로 만들고 순차적으로 해나가면 된다.

분수의 개념은 초등4학년 내용으로 분수의 의미, 가분수와 대분수의 교환, 동분모의 덧셈과 뺄셈, 최대공약수와 최소공배수, 소수(약수가 2개인 수), 약분을 담고 있으면 된다. 이것을 시키면서 필자는 아이에게 다음을 외우도록 시키고 있다.

분수의 위대한 성질: 분모와 분자에 0이 아닌 같은 수를 곱하거나 나누어도 크기는 같다.

교과과정에서 분수의 성질이라는 말은 없다. 위 성질은 배분과 약분의 성질을 한꺼번에 요약한 것으로, '위대한'이라는 말을 붙인 것은 고등학교까지 사용하며 당장 분수의 사칙계산에도 활용되기 때문이다. 별거 아니라고 보여지지만 숨은 뜻이 깊어서 생각의 출발점으로 사용하기에 충분하다.

분수의 덧셈과 뺄셈은 순차적으로 하되 덧셈에 비중을 좀 더 두어야 한다. 덧셈과 뺄셈에서 웬만한 것은 암산으로 해결하도록 하고, 기술적으로 가장 빠르게 하는 방법을 생각하도록 유도해야 한다. 분수의 곱셈과 나눗셈은 먼저 분수와 소수 $\frac{1}{2}=0.5$, $\frac{1}{4}=0.25$, $\frac{1}{8}=0.125$, $\frac{3}{4}=0.75$, $\frac{3}{8}=0.375$, $\frac{5}{8}=0.625$, $\frac{7}{8}=0.875$ 등 7개를 완전하게 외우게 하도록 문제를 편성하고, 곱셈을 해결할 때 분수와 소수의 곱셈까지 나눗셈도 분수 나누기 소수까지 순차적으로 만들어 나가면 된다. 분수의 사칙계산은 분수의 덧셈, 뺄셈, 곱셈, 나눗셈을 섞어 놓고 어떤 문제를 풀더라도 빠르고 정확하게 나오도록 해주면 된다.

:: 테스트 결과에 따른 반복의 정도

각 권을 연속해서 최소 3번 이상씩 풀어 나가야 한다. 그러나 분수의 덧셈과 뺄셈을 여러 번 공부하고, 분수의 곱셈과 나눗셈을 하더라도 곱셈과 나눗셈을 하는 중에 벌써 분수의 덧셈과 뺄셈을 하는 방법이 가물가물해질 것이다. 분수의 사칙계산이 혼동 없이 나올 수 있고 웬만한 분수는 계산 과정 없이 곧장 답이 나올 수 있도록 계속해 주어야 한다. 분수의 연산을 할 수 있느냐 없느냐의 기준으로 문제 풀이의 반복을 결정해서는 안 된다. 분수의 연산은 단순히 연산 자체가 아니라 최대공약수와 최소공배수가 직관적으로 나오도록 하는 데 있다. 지나칠 정도로 많이 하는 것이 절대 해가 되지 않으니 시간이 허락하는 한 여러 번 풀수록 좋다.

:: 푸는 순서에 너무 연연하지 마라

학교나 학원은 여러 명을 가르치는 곳이기 때문에 가르치는 수준을 평균에 둔다. 모든 아이가 이해할 수 있도록 필요한 순서를 식으로 가르치는데 이것을 '알고리즘'이라 한다. 알고리즘은 문제를 해결하는 데 있어서 올바른 답이 나오는 이유와 의미를 설명해준다. 처음에는 모든 아이에게 알고리즘을 가르치는 것이 맞다. 그러나 알고리즘은 몇 번의 연습만으로도 충분하다. 알고리즘이 필요하지 않은 아이에게 계속 알고리즘을 강조하고 강제해서는 안 된다. 알고리즘은 잘하는 아이를 중간 수준으로 끌어내리는 결과를 가져오기 때문이다. 특히 직관적으로 나와서 도구적으로 사용해야 하는 수(자연수와 분수)의 연산이 길어져 지루하게 느껴질 수 있다.

많은 선생님들이 과정 없이 답을 쓰면 안 된다고 가르치고 심지어는 틀렸다고 하면서 과정을 길게 늘어놓도록 시킨다. 아이의 입장에서는 여간 번거로운 일이 아니다. 알고리즘대로 한 문제를 푸는 시간에 중간식을 생략하고 암산하게 하면 같은 시간에 두 세 문제를 풀 수도 있어 아이는 자신감을 가질 것이다.

예를 들어, $\frac{1}{2}+\frac{1}{3}$의 문제가 있다면 중간과정은 생략한 채 그냥 $\frac{5}{6}$가 나와야 하고, $2\frac{1}{2}+1\frac{1}{3}$ 역시 $3\frac{5}{6}$가 직관적으로 튀어 나와야 한다. 이렇게 나올 수 있는 아이에게 $2\frac{1}{2}+1\frac{1}{3}=2\frac{3}{6}+1\frac{2}{6}=3\frac{5}{6}$ 처럼 중간식을 쓰게 하면 $4\frac{2}{3}+3\frac{3}{4}$ 이란 문제처럼 $7\frac{17}{12}$ 로 나오고 다시 대분수인 $8\frac{5}{12}$ 로 고치거나 약분을 해야 하는 곳에서 길어진 식 때문에 정작 해야 하는 것을 놓치게 될 우려가 있다. 가뜩이나 직관적으로 답을 쓸 수 없는 분수 공부에서 연습을 계속 하면 아이는 지루해하고 올바른 방식까지 잊게 되어 다음처럼 길어진 식과 큰 숫자로 인해 짜증까지 내게 된다.

$$4\frac{2}{3}+3\frac{3}{4}=\frac{14}{3}+\frac{15}{4}=\frac{56}{12}+\frac{45}{12}=\frac{101}{12}=8\frac{5}{12}$$

분수의 사칙계산에서는 사칙계산을 자유롭게 처리하고 최소공배수와 최대공약수를 직관적으로 얻는 것이 목표이다. 자연수의 연산과정을 초등 고학년에서 사용하지 않는 것처럼 어떤 중학교 문제도 분수의 중간식을 쓰라고 하지 않는다. 그러므로 알고리즘에 갇혀 아이의 연습 시간이 줄어든다면 정작 중요한 것을 얻을 수 없는 상황에 빠질 것이다.

:: 약분과 분수의 연산을 넘치도록 많이 풀어라

분수를 완벽하게 공부하는 것은 무척이나 오래 걸리고 지루한 과정이다. 교과 과정으로 보면 2년 반이고, 필요한 것만 발췌해서 공부한다해도 완성하는 데 거의 1년 가까운 시간이 필요하다. 분수의 사칙계산이 어려워서 시간이 오래 걸리는 것은 아니다. 이해만 목표로 한다면 한 자리에서 30분이면 다 알려주고 그 자리에서 풀릴 수도 있다. 오히려 방법이나 개념이 어렵지 않기 때문에 올바른 방법으로 가르치는 것이 어려웠다.

아이에게 약분을 알려주면 약분을 하고, 분수의 덧셈 뺄셈을 알려주면 잘한다. 문제는 분수의 곱셈을 알려주었을 때 벌써 분수의 덧셈 뺄셈을 잊어버린다는 것이다. 그렇다면 해결 방법은 하나하나 튼튼히 다지고 마지막으로 흔드는 작업까지 해주는 수밖에 없다. 한두 번만 풀어도 알 것 같은데 계속 풀어야 하고, 단번에 답도 나오지 않으니 아이의 입장에서는 고역이다. 하지만 별거 아닌 것 같이 보이는 약분 문제와 분수의 덧셈 뺄셈은 어느 연산보다도 많이 풀어야 한다.

:: 이 정도는 매일 암산하도록 하라

6학년부터 더블리치수학을 공부한 경준이는 중학교까지의 시간이 얼마 남지 않아 분수를 충분히 공부하지 못하고 6개월 만에 중학교 진도를 나가게 되었다. 부족한 분수를 채우기 위해 다음 표를 만들어 붙여놓고 매일 암산하도록 하였다.

중학수학에서도 어려운 것은 전부 분수와 관련이 있다. 어려울 때마다 분수와 연결시켜가며 공부할 수밖에 없었다. 비록 아이가 이해하고 90점대 점수를 받고 있지만, 당장 중학교 성적을 의식해서 분수를 튼튼히 하지 못하지 않았나 하는 의심을 떨쳐버리기 어렵다. 표를 만들어 붙여놓고 공부하는 것이 차선책이다. 근본적으로는 이런 표가 없어도 될 만큼 분수를 충실히 해주기를 바란다.

(1) $4 + \dfrac{1}{3} =$	(11) $3 \div \dfrac{1}{2} =$
(2) $\dfrac{1}{2} + \dfrac{1}{3} =$	(12) $8 \div 3 =$
(3) $2\dfrac{1}{2} + 1\dfrac{1}{3} =$	(분수를 소수로)
(4) $3\dfrac{1}{2} - 1\dfrac{1}{3} =$	(13) $\dfrac{1}{2} =$
(5) $3\dfrac{1}{3} - 1\dfrac{1}{2} =$	(14) $\dfrac{1}{4} =$
(6) $\dfrac{1}{2} \times \dfrac{1}{3} =$	(15) $\dfrac{1}{8} =$
(7) $6 \times \dfrac{1}{2} =$	(16) $\dfrac{3}{4} =$
(8) $1\dfrac{1}{2} \times 1\dfrac{1}{3} =$	(17) $\dfrac{3}{8} =$
(9) $\dfrac{1}{2} \div \dfrac{1}{3} =$	(18) $\dfrac{5}{8} =$
(10) $\dfrac{1}{2} \div 3 =$	(19) $\dfrac{7}{8} =$

연산이 부족한 원일이, 약점을 찾다

원일이가 예전에는 공부도 잘 했고 머리도 좋았습니다. 그런데 정작 공부를 해야 할 시기에 공부를 하지 않아 점점 더 공부와는 멀어지는 것 같아요.

이해는 되는데 막상 내가 풀려면 잘 안 돼요. 요즘에는 그 쉬운 걸 이해해 놓고도 모른다고 혼만 나니까 이제는 물어보기도 싫어요.

원일이의 수학 실력을 테스트해보니 덧셈과 뺄셈에서부터 구멍이 뚫려 있었으며 곱셈과 나눗셈도 흔들리고 있었다. 원일이가 요즘 풀었다는 문제집의 약수와 배수 단원을 보니 맞은 문제보다 별표를 표시한 문제가 더 많았고, 어떤 문제는 문제가 보이지 않을 정도로 시커멓게 변해 있었다. 더 이상 보지 않아도 아이를 잡았다는 표시가 난다. 약수와 배수는 곱셈과 나눗셈이 잘 되어 있는 아이도 어려워할 수 있는 부분이다. 그런데 곱셈과 나눗셈이 되어 있지 않은 원일이게 약수와 배수의 문제 풀이를 시키면서 아이가 공부하지 않는다고만 하니 엄마나 원일이나 얼마나 답답했을까. 대부분 아이들의 특징은 어렵다고 말로 설명하는 것이 아니라, 그냥 공부하지 않는 것으로 자신의 의사를 표현하는 경우가 많다. 원일이 역시 부족부분은 채워주지 않고 무조건 공부하지 않는 아이로 몰아가니, 할 수도 없지만 해도 안 되는 그 마음이 얼마나 답답했을까?

원일이는 초등 3학년 수준에 해당하는 두 자리 곱하기 한 자리와 두세 자리 나누기 한 자리 수를 구구단과 뭇창을 병행해가며 6개월 넘게 하고 나서야 근본 문제점을 해결할 수 있었다. 그 사이에 엄마와 아이는 5학년 수학 문제를 못 푼다거나 언제까지 해야 하느냐며 불안해하였다. 비록 그만큼 학교와의 진도가 벌어진다 해도 필요한 것을 메우고 나면 가속도가 붙는다. 결국 원일이는 6학년 초에는 제 진도를, 그해 12월에는 중학교 과정을 준비할 수 있었다.

예전에는 문제없었던 원일이의 수학실력, 무엇이 문제일까? 원일이의 경우만 보더라도 현재 초등학교 5학년 수학 실력의 현실을 볼 수 있다. 가장 큰 문제는 무시해온 약점이 서서히 표면으로 떠오른다는 것이다. 형식적 조작이 가능한 초등학교 5학년, 당연히 분수는 어려울 수밖에 없었다. 꾸준히 구멍을 메우는 작업이 원일이에게 가장 효과적인 수학공부였다.

3_②

분수의 확장_ 비와 비율, 비례식, 연비, 비례배분, 확률

수를 배우고 나면 그 다음은 당연히 확장이다. 자연수의 확장에는 이름이 없지만, 분수의 확장에는 이름이 있다. 대부분 6학년에 해당하는 것으로 비와 비율, 비례식, 비율그래프, 연비, 비례배분, 확률 등이 모두 분수의 확장이다. 이 중에서 확률은 별도로 다룰 것이다. 마치 독립된 단원처럼 나와 있지만 모두 분수에서 나온 것이다. 이를 모두 분수의 의미나 배분과 약분의 성질로 이해시킨다면 분수가 되어 있는 아이에게 어려울 것은 없다. 다만 이것을 마치 새로운 것인 양 교과서가 가르치는 것이 문제다.

그 밖에도 자연수의 연산기호의 의미가 모두 분수에서 사용되고 있어 연결시키는 노력을 해주면 된다. 그런데 6학년에서는 확장에 치중하고 분수의 연산이 많이 나오지 않아서 분수의 부족을 눈치채기 어렵다. 확장을 가르치다가도 분수가 부족하다고 생각되면 언제든지 분수의 연산으로 돌아갈 준비를 하고 있어야 할 것이다.

분수의 완성은 초등수학의 완성

분수의 완성은 초등수학의 완성과 직결된다. 분수의 사칙계산을 완전하게 하는 것이 최우선 과제지만, 이를 바탕으로 확장까지 해 주어야 분수의 완성이다.

확장은 대개 중학교 문제와 직접적인 연관을 갖는다. 사칙계산이 사과나무의 기둥이라면 확장은 사과나무의 잔가지나 잎사귀에 해당한다. 사과가 기둥에 열리는 법은 없다. 결국 확장을 해주어야 실질적으로 중학교 성적에 영향을 미칠 것이다. 그러나 항상 그렇듯이 확장은 오래 걸리는 것이 아니며, 만약 이를 아이가 잘 받아들이지 못한다면 확장이 문제가 아니라 기본에서 문제가 있었던 것이다. 그래서 분수를 잘 잡은 아이는 초등6학년이 쉽게 다가올 것이다.

사칙계산 이후 최대한 시간을 확보하여 흔들지 않도록 개념을 이해시켜야 한다. 물론 분수의 확장도 단원별로 공부한다. 예를 들어 백분율을 배운다면 백분율에 관련된 문제를 계속 풀도록 해 보자. 분수나 소수에 100을 곱하기만 하면 되기에 아이는 쉽게 푼다. 게다가 풀고 있는 문제는 그 이전의 문제와 비슷하다. 그래서 아이가 개념의 이해를 소홀히 해도 가르치는 사람이 확인하지 않으면 알기 어렵다. 자칫 소홀하면 꺼내 쓸 수 없는 상태가 될 수 있다.

백분율 문제는 중·고등학교를 거치며 '문자와 식'이나 '방정식 활용'을 공부하면서 어쩌다 한두 문제를 푸는데 사용한다. 바로 어쩌다 나오기 때문에 해결하기 어렵다. 비슷한 문제가 계속 나오면 어떻게 해서든 이해하고 연습해서 자기 것으로 만들겠지만, 어쩌다 한번 나오면 아이는 '까짓 꺼 한 문제 틀리지 뭐!'라 생각하고 그 문제를 포기하려든다. 꺼내 쓸 수 없는 식의 공부방법은 비단 백분율에만 국한된 것이 아니기 때문에 비례식, 비례배분, 확률 등도 부족할 수 있다.

수학은 이런 식으로 하나하나 문제가 이루어지고, 급기야 새롭게 배우는 개념이 모두 이전 수학 문제와 조합된다. 그러면 수학 문제는 모두 어렵다. 그러나 분수의 확장은 분수의 사칙계산이 되었다면 개념을 이해시키고 연습해서 잘하는 데 오래 걸리지 않는다.

분수 확장을 위한 특급처방

:: 기존의 학습지를 분수의 확장 학습용으로 엮는 방법

각 100쪽 정도의 분량으로 두 권을 만든다.

1권은 비, 백분율, 할푼리, 비례식, 연비를 차례로 구성한다.

2권은 비례식을 분수의 등식으로 만들고 등식의 성질로 방정식을 풀기(방정식을 비례식으로 만드는 문제를 일부포함), 비례배분, 비율로 원리합계 문제 풀기로 편집한다. 만들다보면 알겠지만 초등6학년은 모두 분수의 확장이라고 보아도 좋을 만큼 분수 확장이 전부다.

:: 테스트 결과에 따른 반복의 정도

분수가 잘되어 있다면 분수의 성질을 이용하여 이해시켜 준다. 그러면 두 번 정도의 반복으로도 충분할 것이다. 다만 등식의 성질을 이용하는 문제는 훨씬 더 많은 연습을 필요로 한다. 나중에 중학교 때 해야지 하고 넘어가면 등식의 성질은 얻지 못할 수도 있다.

:: 알고 있는 것과 사용하는 것은 다르다

사람은 알고 있는 것을 통해서만 다른 무언가를 받아들일 수 있다. 그 습득의 속도도 아는 것이 얼마나 튼튼한가에 달려 있다. 따라서 분수의 확장을 위해서는 분수의 성질부터 명확히 설명하고 이해시켜야 한다. 그런데 대부분 분수의 확장을 배우는 초등6학년 과정이 분수로 이를 설명하려는 노력을 적게 하는 듯 하다. 이를테면 분수의 성질을 도입하지 않고 다음과 같이 무조건 외우라고 하는 것이다.

'비례식은 내항의 곱과 외항의 곱이 같다'

이것을 비례식의 성질이라면서 외우게 한다. 이 경우 아이들은 마치 새로운 개념을 배우는 양 외우고 풀게 된다. 이유도 모르고 외우게 되면 훨씬 더 많은 연습이 필요해지거나 많은 연습을 했더라도 잊어버리기 쉽다. 외우면 당장은 문제를 잘 풀 수 있을지 몰라도 더 중요한 분수의 성질은 묻히게 되고, 이것이 분수와 관련이 있다는 것을 영원히 알지 못하고 넘어갈 수도 있다. 그래서 중학교에서 비례식을 방정식으로 바꾸는 것을 못하는 아이들이 많다.

한 중학교 선생님이 필자에게 아이들이 초등학교에서 비례식을 방정식으로 바꾸는 것을 배웠을 텐데 왜 모르는지 궁금하다고 했다. 필자의 대답은 아이들은 비례식을 방정식으로 바꾸는 방법을 배운 적이 없다 였다. '내항의 곱과 외항의 곱이 같다'는 말을 이유도 모르고 외우게 시키고는 방정식으로 만드는 방법을 배웠다는 발상이 기가 막힌다.

비례식의 두 비를 분수로 만들고 양변을 등식의 성질에 따라 분모의 최소공배수를 곱하기만 하면 된다. 이것이 귀찮아서 무조건 공식만 외우게 한 것이다. 이 과정이 약간 귀찮을 수 있지만 오히려 필자가 중시하는 '등식의 성질'을 튼튼히 하는 계기가 되고 '정비례'를 동시에 가르칠 수도 있다. 이렇듯이 분수의 확장은 어려운 것은 아니다. 분수의 확장이 비와 비율, 비례식, 비례 배분 등 다양해 보이지만 그 개념은 극히 단순하기 때문이다. 분수의 확장을 아이에게 가르치기 위해서 학부모 역시 다음과 같은 성질을 이해하고 넘어가는 것이 좋다.

첫째, 분수란 분모만큼 나누어 분자만큼의 수를 나타낸다. 전체를 1로 보아야 하고 전체를 분모만큼 나누었으니 분모가 기준이다. 문제에 따라 기준을 무엇으로 하느냐에 익숙해져야 한다. 이 개념은 분수의 뜻과 '기준'에 대한 것으로 가르치는 사람의 몫이다.

둘째, 분수의 분모와 분자에 0이 아닌 같은 수를 곱하거나(배분) 나누어도(약분) 분수의 크기는 변하지 않는다. 이 개념은 아이들 대부분이 알고 있고 큰 수나 분수를 작은 자연수의 비로 나타내는 데 주로 쓰인다. 어려운 개념은 아니지만 이를 활용하는 것은 알고 있는 것과 다르다는 것을 알아야 한다. 아이들은 어렴풋이 알고 있으면서 잘 안다고 하는 경우가 많다. 하지만 꺼내 사용할 수 없다면 잘 아는 것이 아니다. 그렇기 때문에 언제라도 꺼내 사용할 수 있을 때까지 연습해야 한다.

다음 문제는 4학년 경돈이 어머니가 아이에게 아무리 이해시키려고 해도 안 된다며 어떻게 가르치면 좋겠냐고 물어온 문제다.

필자는 딱 잘라 '가르치지 말라'고 했다. 참으로 어이가 없었기 때문이다. 이제 분수의 의미를 가르치고 있는 상황에서 학교에서 이런 문제를 내고 풀라고 한 것이 이해가 되지 않았다. 이 문제는 중간에 '20의 $\frac{1}{5}$은 4이다. 12는 몇 분에 몇인가?'라고 물어야 될 문제다. 이렇게 물어보아도 4가 12가 되려면 3을 곱해야 되고 $\frac{1}{5}×3$은 몰라도 $\frac{1}{5}$이 3개면 $\frac{3}{5}$이라는 정도에서 멈췄어야 했다.

그런데 이 부분을 빼서 어렵게 만든 문제다. 보기에는 아주 단순해 보인다. 그러나 이 문제는 많은 개념을 담은 문제다. 아는 사람의 입장에서는 기준이 20이고 비교하는 양이 12니까 곧장 분수로 만들어 $\frac{12}{20}$로 만들고 약분하여 $\frac{3}{5}$이라고 하면 간단하다. 하지만 아이는 아직 약분을 배우지도 않았고 20이 기준이 되는 것도 모른다. 곱해서 12가 되는 수와 곱해서 20이 되는 수 중에서 가장 큰 수들의 곱인 4×3=12, 4×5=20에서 4를 찾는다. 이 역시 약수를 배우지 않고 못창을 아직 안 가르쳤다면 아이가 받아들이기 어렵다. 4로 나눈 수인 3과 5가 나왔다 해도 이를 $\frac{3}{5}$으로 만들 수는 없다. 만약 만든다면 분모가 커야 한다는 막연한 생각 때문이다. 12와 20의 크기를 비교하는 방법에는 절대적 비교와 상대적 비교가 있다. 절대적 비교는 12가 20보다 8이 작다는 것이고 상대적 비교는 12가 20의 $\frac{3}{5}$이 된다는 것이다. 이는 6학년에서 배우는 기준량과 비교하는 양이라는 분수의 관계를 이해해야 하는 문제다.

이 문제는 엄밀히 말하면 6학년 문제다. 이 한 문제가 4학년, 5학년, 6학년에서 앞으로 배워야 할 것들을 모두 포함하고 있다. 분수를 순서에 맞게 가르치고 합당한 문제를 제공해야 쉽고 공부할 힘도 생긴다. 아이에게 이런 문제를 제공하면 이해할 수 없어서 풀 수 없기도 하지만 자신감을 잃게 되는 것이 더 문제다. 그러면 아이들은 문제 자체를 외우거나 계속 틀리게 된다. 뭔가 어렵다는 경험을 한 아이들은 조금만 어려운 문제가 있으면 도망가거나, 풀 수 있는 문제조차 '내가 모르는 무언가가 있을 거야' 라고 생각하기 쉽다.

지금까지 순서대로 배운 분수의 개념을 통합시키는 문제를 출제하지 않아 초등 4학년이면 갖추었어야할 기초를 갖추지 못하고 중학교에 가게 된다. 하긴 분수의 사칙계산조차 혼합시키고 어떤 문제가 나와도 곧장 풀 수 있도록 만들지도 않는데 여러 가지 의미의 분수까지 이해하라고 하는 것은 분명 무리다. 10~12단계에서 분수의 사칙계산을 갖추게 되면 13~14단계의 확장에 신경써야 하지만, 분수의 의미를 담고 있는 9단계를 한 번 더 풀어서 기본적인 분수의 의미조차 모르고 중학생이 되는 것을 막아야 한다.

그런데 교과서는 분수의 의미를 통합시키는 대신 점점 어려운 것을 가르치려 든다. 난이도가 높아서가 아니라 가르치지 않고 문제가 나오기 때문에 심각하다. 수학은 가르쳐야 하는 학문이다. 가르치지 않고 나오는 문제는 아이를 혼란에 빠뜨리거나, 자칫 문제를 해결하지 못하는 스스로를 자책하게 만든다.

이 문제를 풀기 위해서는 등식의 성질을 이해해서 맞물려 돌아가기에 두 톱니바퀴의 수가 같다는 것을 이해해야 한다. 그래서 이 문제는 초등 6학년과 중1에서 공통으로 출제된다. 등식의 성질을 가르치면서 '어떻게 하면 같아질까?'라는 개념이 들어간 이후에 가르쳐야 한다. 방정식을 알고 있는 부모님은 문제를 풀 수는 있지만 가르치는 것에는 어려워하는 것을 본다. 아이와 학부모의 수학 사이에 등식의 성질이라는 중요한 개념을 이해하는 것에 차이가 있기 때문이다. 설사 중학교에 가서 등식의 성질을 배운다 해도 극히 적은 분량(1장)이어서 성질을 이해할 만큼은 안 된다. 그래도 시간이 있는 초등학교에서 가르쳐야 할 것이다.

$$가 \times 56 = 나 \times 24$$

가의 회전수와 톱니바퀴 수의 곱과, 나의 회전수와 톱니바퀴 수의 곱이라는 방정식을 세웠다 해도 이를 비례식으로 바꿔야 한다. '내항의 곱과 외항의 곱이 같다'는 것을 가르쳤지만 교과서에서는 그것이 방정식이라고 하지는 않는다. 그러니 당연히 방정식을 거꾸로 비례식으로 만드는 과정은 나오지 않는다.

$$가 : 24 = 나 : 56$$

다시 내항의 곱과 외항의 곱은 같다는 성질을 이용해서 내항끼리 외항끼리 바꾸어도 된다. 그래서 회전비 가 : 나 = 24 : 56 = 3 : 7이라는 식을 얻게 된다. 물론 최소공배수의 개념을 명확히 갖고 있는 아이라면 알 수도 있을 것이다. 아니면 직관적으로 톱니바퀴 수와 회전수의 비는 서로 바뀌어야 한다는 것을 알아챌 수도 있지만 직관에 근거를 살릴 수 있어야 한다. 그렇지 않으면 찍어서 맞추었다는 찜찜함을 벗어나기 어렵다.

:: 비와 비율, 비례식, 비례배분, 확률 등 모두 분수로 설명한다

초등학교 6학년 과정은 전부 분수의 확장이라고 봐도 무방하다. 처음으로 분수의 확장이 나오는 것이 비와 비율이다. 크기 비교를 할 수 있는 방법은 두 가지다. 하나는 '3은 8보다 5작다'처럼 절대적인 크기를 비교하는 방법이다. 또 하나는 '3은 8의 몇 배인가'처럼 상대적인 크기를 비교하는 방법이다. 이를 3 : 8로 나타내며 이러한 상대적 비교가 바로 '비'다. 3의 크기를 8의 크기에 맞춰서 생각하는 것이기에 뒤에 있는 수인 8이 기준이 된다. 3 : 8을 비의 값, 즉 분수 $\frac{3}{8}$으로 나타낼 수 있는데 분수에서 분모인 8이 기준이 된다.

이 비의 값을 실용적으로 활용하기 위해 나타내는 것이 비율이다. 기준을 1로 보지 않고 10이나 100으로 보는 경우가 있는데 100일 때는 백분율로 나타내고 기준을 10, 100, 1000으로 복합적으로 나타낸 것이 바로 '할푼리'다.

:: 개념은 잘하는 아이에게만 가르쳐야 하는 것이 아니다

소위 전문가라는 사람조차 공부를 못하는 아이는 쉬운 문제집부터 차례차례 단계를 높여 가며 가르치고, 공부를 잘하는 아이는 어려운 문제에 상위 개념을 가르치는 것이 맞다고 생각한다. 이렇게 생각하니 공부를 못하는 아이는 항상 못하고 잘하는 아이만 계속 잘하는 것이다. 이 생각을 바꾸지 않는 한 공부를 못하는 아이는 계속 못할 것이다. 못하는 아이에게 쉬운 문제집부터 단계를 높여간다는 것은 여러 권의 문제집을 풀리겠다는 것인데, 쉬워하지도 않을 뿐 아니라 여러 권을 이겨내지도 못해서 자괴감에 빠지게 만들기도 한다.

시험에 나오는 정도의 난이도를 풀어야 시험을 잘보고 의욕도 생긴다. 아이가 공부를 못하는 이유는 머리가 나쁘기 때문이 아니라, 부족부분이 발목을 잡고 있기 때문이라는 것을 가르치는 선생님이나 부모가 먼저 알아야 한다. 부족한 부분을 채웠다면 중간 정도 난이도의 문제집을 선정하고 반복하면서 개념을 익혀야 한다. 기본 개념이든 상위 개념이든 개념은 항상 쉬워서 모든 아이들이 이해할 만한 것들이고, 대부분 중요한 개념일수록 오히려 쉬운 것들도 많다. 문제집을 푸는 것이 당장 시험을 잘 보는 데만 있지 않고 수학의 실력을 쌓아나가는 것이라고 생각한다면, 공부를 잘하든 못하든 개념을 가르치려고 해야 할 것이다.

정훈이의 분수 따라잡기

정훈이는 1학년부터 3학년까지 더블리치 수학을 하다가 아빠의 타 지역 근무로 1년의 공백기가 있었고, 5학년 초에 다시 만났다. 3학년까지는 그래도 암산력이나 빠르기, 그리고 연산을 튼튼히 길렀던 아이였다. 그런데 1년 공백은 분수의 개념 부족과 연산의 의미를 살린 약수와 배수를 어려워하게 만들었다. 하지만 정훈이의 출발점은 오히려 단원을 앞질러 분수의 덧셈이었다. 공백기에 해주었어야 할 분수의 개념이나 배수와 약수는 분수의 사칙계산에서 녹아 있어 사칙계산 이후에 잊지 않고 해 준다면 학교의 진도에 맞추는 것이 효율적이라고 판단했기 때문이다.

8개월에 걸친 지루한 분수의 사칙계산은 아이로 하여금 분수 실력을 확고하게 다지는 계기가 되었다. 정훈이에게 몇 차례 고비가 있었지만 엄마의 믿음으로 극복할 수 있었다. 분수의 사칙계산 이후 6학년이 되었지만 부족했던 4학년에 해당하는 분수의 의미부터 최대공약수와 최소공배수를 3개월 공부했다. 그 후 비와 비율, 수의 범위, 정수의 일부, 방정식을 등식의 성질로 풀기, 비례식을 방정식으로 만들어 풀기 등 6학년과 일부 중학교로 연결시키는 내용까지 5개월이 걸렸다. 다양한 분수의 확장이었지만 분수의 연산 때에 비하면 여유로운 공부였다.

그런데 정훈이는 내용이 쉽게 느껴지다 보니 자꾸 한꺼번에 풀려고 했다. 여러 번에 걸쳐 공부하는 것이 효과가 높다며 설득을 하였고, 한꺼번에 할 때는 엄마에게 부탁하여 일정량을 지킬 수 있도록 하였다. 자연수의 문장제를 공부하지 않았기에 분수의 문장제를 걱정하였으나 분수의 의미를 밟은 것이 큰 도움이 되었고, 다행히 연산의 의미를 상기시키면 알 정도로 잊지 않고 있어서 분수의 문장제도 어려움 없이 할 수 있었다.

9월 중순경, 초등학교에서 필수적으로 길러야 할 것들이 거의 끝나니 2개월 정도 여유가 있었다. 이 기간을 재충전의 시기로 잡았다. 중학교 과정의 선행학습은 12월부터 하기로 하고, 쉬운 도형문제를 풀면서 수의 규칙이나 확률 등 중·고등학교에 나오는 것들이지만 막상 닥치면 여유롭게 할 수 없는 것들을 이야기하는 시간이었다. 정훈이와 필자의 대화다.

> 수학을 푸는 것은 재미없지만, 얘기로 하는 수학은 좋은 것 같아요.
> 야, 이놈아. 분수만 잘하면 수학이 쉽다고 했잖아!

집합론을 창시한 칸토어는 '수학은 주어진 규칙 내에서 자유롭다'고 말했다. 초등학교는 기초적인 규칙을 배우는 곳이라 아직은 자유롭지 못하다. 정훈이가 중·고등학교를 거치며 수학으로부터 보다 자유로워지기를 기대한다.

4

넓이_ 무조건 공식만 외우는 것은 독이다

도형, 공식을 외웠다가 잊어버린 기억

:: 두려움을 없애라

저학년의 경우 문장제 문제를 풀기 위해 그림을 그리라고 하면 문제해결에 도움이 되지 않는 그림만 잔뜩 그리는 것을 본다. 예를 들어 '○○네집'하면 지붕에 창문까지 그리고 사람이 나오면 눈 코 입까지 세세하게 그리려든다. 그림 그리기로 문제를 푼 경험 자체가 없었기 때문이다. 이처럼 책, 노트, 칠판 등의 구체물에서 크기, 색깔, 재질, 용도, 가격과 같은 불필요한 요소들을 제거하고 '직사각형'을 만드는 추상화하고 일반화하는 작업이 생각보다 오래 걸린다는 것을 의미한다. 그러나 고학년이라면 도형자체가 어려운 것은 아니다.

측도와 도형은 초등수학의 50%를 차지하고 있다. 더 이상 확장 되는것이 적어서 기초를 튼튼히 해주어야 하는 파트임에 분명하지만 그 기초가 공식을 외운다든가 하는 것은 아니다. 중·고등학교에서 도형이 어렵다고 생각하는 원인은 공식을 외웠다가 잊어버렸다는 기억 때문이다. 그래서 공식이 문제를 푸는 가장 빠른 방법은 분명하지만 공식없이 문제 풀기를 권한다. 중·고등학교에서 나오는 도형은 각이나 변의 길이를 구하는 방법만 다를 뿐 큰 진전이 되지 않는다. 다만 각을 수로 바꾸는 방법만 추가 될 뿐이다. 따라서 두려움을 갖지 않게 해주는 일이 초등학교에서 갖추어야 할 필수조건이 된다.

:: 도형은 직접 잘라보고 그려보게 하라

특히 도형은 문제 풀이보다 직접 도형을 잘라보고 그려보고 보존개념이나 각각의 구성요소들의 이름을 외우고 이해도를 높이는 것을 선행해야 한다. 초등학교에서 도형을 자르는 것은 대부분 꼭짓점끼리 연결하는 대각선 긋기 작업이 가장 많을 것이다. 간혹 직사각형이 되도록 만드는 경우도 있지만, 한 꼭짓점에서 대각선을 그으면 대부분 삼각형이 만들어진다. 도형의 기본이 삼각형이기 때문이다. 삼각형의 넓이만 잘 나온다면 다른 넓이 공식은 외우지 않아도 되고 설사 외웠다가 잊어버린다해도 상관없이 구할 수 있다는 것을 심어주어야 한다.

중·고등학교 도형에서 가장 어려운 것은 대각선과 같은 보조선을 긋는 일이다. 가장 어려운 보조선도 닮음과 직각삼각형을 만들기 위한 평행선, 연장선과 수직선이 대부분이다. 하지만 학교에서도 활동시간이 적고 그렇다고 사교육에서도 이 부분을 챙겨주지 않는다. 가시적인 성과를 얻지 못하기 때문이기도 하지만, 여러 사람을 놓고 가르치는 학원에서 도형을 가지고 하는 활동은 준비도 번거롭고 오래 걸리기 때문에 단편적인 문제 풀이에 치우치게 된다.

개별학습을 하는 학습지에서도 시간부족 때문에 아예 활동수학을 다루지 않는다. 필자 역시 시간부족으로 단지 몇 번 정도만 할 뿐이다. 여러 번 하면 좋겠지만 단지 몇 번의 경험만으로도 성과가 높기 때문에 그나마 다행이다. 이처럼 도형이 어렵지 않은 부분인데도 어려워하는 아이가 많은 이유는 활동이 적었기 때문이다. 게다가 중·고등학교에서는 많이 다루지 않아서 부족부분을 채워주거나 상실한 자신감을 회복시킬 기회가 없다. 초등학교 때 해주거나 그렇지 않으면 중학생이 되어서라도 몇 번 관계적으로 전체를 훑을 기회를 주어야 한다.

기존의 학습지를 도형 학습용으로 엮는 방법

1, 2학년에도 도형이 나오고 있으나 큰 의미가 없기에 3학년 과정부터 보면 된다. 도형은 길이, 넓이, 부피, 그리고 대칭과 합동으로 구분하고 길이부터 차곡차곡 정리해나가면 된다. 이 중에 대칭은 별도로 다룬다. 원의 반지름과 지름, 이등변삼각형, 정삼각형, 정사각형, 직사각형에서 각 변과 둘레의 길이를 튼튼히 할 수 있도록 정리한다. 예각, 직각, 둔각, 평각, 보각 등의 개념을 잡도록 하고 넓이로 넘어가면 된다. 넓이는 직사각형과 삼각형의 넓이를 충분히 연습할 수 있도록 하고 둘레의 길이와 넓이를 혼동하지 않게 혼합시킨다.

특히 직사각형 둘레의 길이를 교과서처럼 가로세로를 더한 뒤 2배를 하는 것은 아이가 혼동할 수 있기 때문에 알려주지 않는 것이 더 낫다. 그리고 삼각형의 넓이 중에서 직각삼각형의 넓이는 어느 변을 밑변과 높이로 볼 것인지에 대한 생각을 할 수 있도록 해 주어야 헛갈려 하지 않는다. 삼각형의 넓이가 잘 된다면 평행사변형이나 사다리꼴 등을 전부 사각형이나 삼각형으로 만들어 풀도록 하는 문제를 뽑아서 정리한다. 그리고 전개도와 겨냥도를 그리게 하여 입체에 대한 감각을 세우게 하고 부피를 도입한다.

:: 테스트 결과에 따른 반복의 정도

연산과 달리 도형은 편집해서 한 번에 많이 푸는 것이 더 좋고, 또 한번만 풀어도 개념을 이해하게 된다. 그러나 도형에서 나오는 용어는 잘 외워지지 않아서 두세 번 정도는 해야 한다. 이 부분만 염두에 둔다면 편집 효과를 톡톡히 보게 될것이다.

:: 도형은 쉽지만 공식이 필요하다?

도형도 수학의 한 부분이지만 수 연산의 공부방법과는 많이 다르다. 수학을 매일 해야 된다는 말은 도형에서 잠시 잊어도 된다. 도형만큼은 매일 하지 않아도 되고, 문제 풀이방식이 아니라 원리를 알려주는 것이라면 학년을 뛰어넘어 한꺼번에 많이 한다 해서 해가 되지도 않는다. 설사 제 학년에서 부족하다 하더라도, 학습량이 많지 않기에 언제든 메워 주면 된다. 초등학교에서 측도와 도형은 교과 내용의 50%에 달하지만, 중학교는 30%, 고등학교는 10%로 줄어든다. 학년이 올라가면서 깊이 들어간다 해도 절대적인 학습량은 줄어들게 된다는 것을 알 수 있다.

　도형에서 다뤄지는 것들이 모두 주변 사물의 모양이었기에 초등학교 저학년 때에는 크게 신경 쓰지 않아도 아이들은 곧잘 해낸다. 3학년까지 직각삼각형, 직사각형, 원을 이해하고, 원에서는 반지름과 지름의 관계만 가르치면 되었기 때문이다. 4학년이 되면 각도기로 각을 재는 법을 배우는데, 여러 아이가 배우는 관계로 개별적으로 깨우치지 못하는 경우가 있어 학부모의 도움이 필요하다. 사각형의 다양한 이름, 수선 등 직선들 간의 위치 관계를 가르치기 시작하는데, 언제나 그렇듯 처음에는 어렵지 않다.

　5학년이 되어서야 쉬워 보였던 사각형의 둘레와 넓이를 혼동하기 시작하고, 6학년에 가서는 직육면체의 겉넓이를 구하기 어려워한다. 그 사이 직사각형, 삼각형, 원 그리고 다양한 사각형의 넓이를 구하는 공식을 외우게 시켰지만 자꾸 잊어버려 서서히 도형을 두려워하는 아이가 나오기 시작한다.

:: 공식 외우는 것에만 집착하지 마라

　자연수나 분수의 연산은 최소한 작은 숫자에서 직관적으로 나올 정도로 충분히 연습해야 한다. 7+8의 연산을 $5+(2+8)=5+10=15$처럼 10을 거쳐서 계산하거나, 특별히 생각하지 않고 즉각적으로 15가 나와야 도구적으로 쓸 수 있게 된다. 중학교에 가서도 정수나 무리수 등 수에 관한 것들은 도구적으로 사용할 수 있도록 충분히 연습해야 한다. 그러나 그 밖의 수학에서는 모두 관계적 이해에 치중해야 한다. 특히 도형은 관계적 이해를 충실히 하지 않으면 공식이나 외우고 마는 도구적 학습이 된다.

공식만 외우라고 하면 아이들은 무턱대고 외우기를 시작한다. 그러나 외워야 할 공식이 늘어나면서 결국 백기를 드는 것은 시간 문제다. 중학교에도 수많은 공식이 있지만 필자가 도구적으로 외워야 한다고 말하는 것은 '근의 공식' 하나다. 고등학교에서도 수 백 개가 넘는 공식이 있지만 외워야 할 공식은 10개 이내로 제한한다. 이런 것들을 할 때도 공식을 스스로 유도해 나가는 과정을 먼저 여러 번 하게 한다.

공식을 외우는 공부만 한다면 그 전략은 이미 실패했다는 것을 알려주고 싶다. 백번 양보해도 처음부터 공식을 알려주어서는 안 된다. 공식을 먼저 외우면 다시는 원리를 찾지 못하게 된다. 공식은 문제를 푸는 데 지름길을 알려주는 것이다. 어느 누가 가장 빠른 길을 놔두고 돌아갈 생각을 하겠는가?

도형에서 도구적으로 가르칠 부분은 $1m$를 $100cm$로 고치는 등의 단위 교환이나 구성요소의 이름, 그리고 직사각형과 삼각형의 넓이 정도다. 이 또한 이해를 바탕으로 하는 관계적 이해가 선행하고 난 이후에 해야 한다.

만약 사다리꼴의 넓이를 구할 때 도구적으로 공부한 아이는 '(밑변+윗변)×높이÷2'라고 공식을 외워서만 풀 것이고, 이 공식을 잊어버렸다면 이 문제를 풀 수 없다. 하지만 관계적 이해를 한 아이는 설사 사다리꼴의 공식을 잊어버렸다 해도 얼마든지 넓이를 구할 수 있다. 사다리꼴을 두 개의 삼각형으로 쪼개어 계산하는 방법을 생각해 낼 수 있기 때문이다. 사다리꼴은 물론 평행사변형, 원까지도 모두 삼각형으로 만들어낼 수 있으니, 공식이 아니더라도 모두 넓이를 구할 수 있다. 올바른 관계적 이해를 위해서는 하나하나를 띄엄띄엄 가르치기보다 한꺼번에 알려주는 편이 더 낫다. 따라서 진행 중인 관계들을 중간에서 자르는 우를 범해서도 안 된다.

:: 모든 양의 단위 중 길이(거리)와 넓이를 가장 확실하게!

변과 각은 도형에서 가장 기본적인 구성요소다. 도형의 크기는 변이 되는 선분의 길이에 의해, 도형의 모양은 각에 의해 결정되기 때문이다. 그래서 도형문제는 변의 길이나 각의 크기, 그리고 이를 가지고 만들어내는 넓이나 부피의 문제가 대부분이다.

변이나 반지름의 길이는 어떤 구성요소들 중에서도 더욱 튼튼히 해주어야 한다. 교과과정에서는 선분을 '두 점을 곧게 이은 선'이라고 가르치는데, '곧게'라는 말이 애매하고 거리의 개념이 담기지 않는다. 두 점 사이의 가장 가까운 거리를 그은 선을 선분이라 가르치고, 이를 연장한 것은 직선이라 가르친다. 그래야 두 평행선 사이의 거리를 최단거리로 인식하게 된다.

선분을 조작하여 다양한 도형을 만들어보면 좋다. 예를 들어 철사를 구부려서 삼각형이나 사각형을 만들어보는 것이다. 같은 길이를 가지고 만들어지는 넓이를 비교해보기도 하고, 한 변이 길어지면 다른 한 변이 짧아지는 관계도 이해하게 된다. 선분의 양 끝점과 선분을 잘랐을 때 생기는 선분의 개수나 양 끝점의 개수를 알고, 이를 다시 이었을 때 만들어지는 모양이나 길이를 잘 파악해야 다양한 도형을 만들 수 있다. 이렇게

선들을 조작하면서 아이가 무의식중에 알아차릴 수 있는 것들이 있다. 한 번쯤 말해주는 것도 좋을 것이기에 언급한다.

점이란 위치만 있고 부분이 없다. 따라서 선도 길이는 있으나 폭이 없으며, 면 역시 길이와 폭만을 갖는다. 선분의 끝은 점이고 일부분만 그은 직선은 연장해서 계속 그릴 수 있다.

각은 오목각으로 파악하고 사각형에서 오목 사각형은 다루지 않는다. 보통 직사각형은 네 각이 직각이라는 것으로 가르치게 되지만, 네 각이 같기 위해서는 직각이 되어야 한다.

각을 가르칠 때에는 삼각형도 사각형도 도형을 찢고 갖다 붙여봄으로 그림처럼 180도와 360도가 됨을 보여준다.

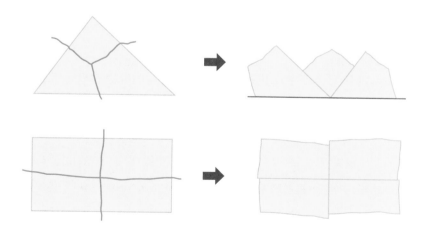

아니면 종이를 한번 접고 다시 접은 선이 겹치도록 접은 뒤 펼쳐보면 접었던 선이 만나는 것이 직각이고 90도임을 보여줄 수 있다. 이처럼 도형은 조작이 뒤따라 주어야 차후에도 도움이 된다는 사실을 기억했으면 좋겠다.

넓이 구하는 것을 가르칠 때는 맨 먼저 직사각형의 넓이부터 시작해야 한다. 한 박스 안에 들어있는 음료수의 개수를 세는 등 구체적인 물건을 이용하는 것이 좋다. 그러면서 모든 넓이는 직사각형으로 밖에 구할 수 없다는 것을 머리에 심어 주어야 한다.

그런 다음 직사각형의 둘레의 길이와 넓이를 비교해 보아야 한다. 같은 길이로 여러 개의 삼각형을 만들고 직사각형을 만들어보기도 하여 직사각형의 경우는 각각의 넓이를 비교해야 한다. 이 때 직사각형에서 가로와 세로의 길이는 전체 둘레 길이의 반이 되는 것을 알려줄 필요가 있다. 결국 가로와 세로의 길이가 같을 때 직사각형의 넓이가 가장 크다는 것을 알려 주어야 한다. 이를 위해 연산에서처럼 합해서 10이 되는 두 수들을 곱할 때 5×5가 가장 크게 된다는 것을 알려준다. 좀 더 나아가서는 같은 길이로 가장 넓은 도형을 만든다면 그것이 원이 된다는 것까지 해볼 수 있다.

이처럼 둘레와 넓이에 대해 아이가 혼동하지 않도록 해야 하고 그에 따른 넓이의 단위와 길이의 단위를 헷갈려하지 않게 해야 한다. 넓이에서 $cm \times cm = cm^2$임을 가르치고 부피에서 $cm \times cm \times cm = cm^3$임을 가르쳐서 넓이나 부피의 단위를 쓸 때 빼먹지 않게 한다.

삼각형의 넓이를 구하기에 앞서 직사각형을 자르는 연습을 해야 한다. 오각형이나 육각형 등 직사각형을 여러 개의 삼각형으로 잘라본다. 삼각형의 넓이는 직사각형 넓이의 반임을 직접 구하게 하고 밑변과 높이가 같으면 모든 삼각형의 넓이가 같음을 보여준다. 또한 밑변과 높이는 상대적이라는 것을 알려주기 위해 밑변이 꼭 아래에 위치하지 않은 것들도 보여주어야 한다. 삼각형의 넓이는 밑변과 높이가 같은 여러 개의 합은 결국 밑변을 모두 더해서 구해도 된다는 것까지 해주어야 한다. 뒤쪽에 있는 성현이 사례의 그림을 보면 이해 될 것이다. 이것이 선행되어야 도형의 넓이를 구하는 문제를 풀 바탕이 마련되는 것이고 완전히 이해했다면 넓이를 구하는 공식 따위는 잊어도 된다.

평행사변형에서는 '어떻게 하면 직사각형이 될까?'나 '두 개의 삼각형이 되는 방법'을 가르친다. 사다리꼴에서는 같은 사다리꼴을 하나 더 뒤집어 놓음으로 해서 평행사변형을 만들거나, 사다리꼴처럼 두 개의 삼각형을 만들어본다. 원에서는 같은 넓이의 부채꼴로 무수히 자르고 이를 사각형으로 만드는 작업을 보여주어, 원까지도 직사각형을 만들어야 넓이를 구할 수 있다는 사실을 더 확고하게 인지하게 한다.

이렇게 원리를 가르치는 작업은 오래 걸리지도 않고 연산처럼 자주 해주어야하는 개념도 아니다. 이 작업을 먼저 충분히 하고 접근해야 공식을 잊더라도 풀 수 있으며 무엇보다 아이의 자신감을 살릴 수 있다.

:: 보이지 않는 것을 생각하는 힘, 유비추리를 길러라!
우리가 사는 세상은 앞 뒤와 옆, 그리고 위 아래가 있는 3차원의 세계다. 그보다 낮은 차원인 평면도형은 이해하기 쉽지만 입체도형은 삼차원이기에 어려울 수 있다. 초등6학년에서 입체도형을 어려워하는 아이가 많지 않은데, 그 이유는 입체도형에 관련해서 어려운 문제가 없기 때문이다. 그러다가 고등수학의 마지막에 '기하와 벡터'를 공부하게 되면 비로소 입체도형의 어려움을 이해하게 될 것이다.

일상생활에 보이는 구체물은 모두 평면도형이 아닌 입체도형이지만 구성요소는 평면도형인 삼각형, 사각형, 원이다. 결국 입체도형도 평면도형의 연장으로 이해하게 된다. 이것을 아이에게 이해시키기 위해서는 삼각형이나 사각형 등의 평면도형이 처음부터 있는 것이 아니라, 입체의 일부를 뜯어낸 것임을 알려주어야 한다. 그래서 입체도형을 잘하기 위해서는 평면도형에 대한 이해가 선행되어야 한다. 그런데 입체도형을 전부 이해하기 위해서는 눈에 보이지 않는 부분을 머릿속에서 상상해야 하는데, 이것은 수학 자체만으로 해결하기 어려운 부분이 있다.

수학에서는 단지 문제를 주어 생각할 수 있도록 동기만 줄 뿐이다. 수학은 머리 탓이 아니라고 했는데, 정말 머리탓이라면 바로 이 부분을 두고 하는 말일 것이다. 그렇다고 해서 머릿속에 이미지를 그리는 것이 연습으로 안 되는 것은 아니다. 미대생들이 그림만 그리는 줄 알지만 해부학을 공부하기도 하는 것처럼 말이다. 살 속에 있는 뼈를 그리지 않더라도 그 뼈대가 어떻게 이루어졌는지를 알아야 그림을 제대로 그릴 수 있기 때문이다.

입체도형을 이해하는 부분에서도 아이가 잘 알고 있는 것부터 시작해야 한다. 우선 여러 가지 입체도형 중에 가장 익숙한 상자모양을 가지고 각 구성요소의 이름을 열거해 본다. 그리고 길이가 같은 모서리나 면의 모양이 같은 것 등을 생각해보는 시간이 필요하다. 저학년 때 부르던 상자 모양을 이제 '직육면체'라고 부른다는 것과, 똑같은 것을 두고 6학년 때는 다시 '사각기둥'이라고 한다는 것을 한꺼번에 가르치는 것이 좋다. 다음과 같이 쉽게 접근해 보면 어떨까?

자, 면이 여섯 개이고 각각이 직사각형이어서 직육면체라고 이름 붙여 주었단다. 또 두 개의 밑면과 이 밑면이 상대적이어서 어떤 것을 밑면으로 놓아도 된단다. 따라서 직육면체는 최소한 두 개의 면이 서로 같아야 한다.

그런데 대부분 부모님들이 꼭짓점을 '모서리'라고 하는 경우가 많다. 입체도형에서는 면과 면이 만나서 생기는 것을 모서리라 하고, 모서리와 모서리가 만나서 생기는 것을 '꼭짓점'이라고 하는데, 이 꼭짓점을 모서리라고 하는 경우가 많은 것이다. 직육면체를 관찰하고 구성요소를 알게 하는 것은 당장 직육면체의 전개도를 그리는 것에도 쓰이지만, 겨냥도를 그릴 때처럼 보이지 않는 부분을 연상하는 것에도 도움이 된다.

입체도형은 구체적인 사물을 연상하지 않으면 눈에 보이지 않는 부분을 생각하기 힘들기 때문에 구체적 조작활동이 필요하다. 이로써 아이는 점, 선, 평면을 직관적으로 알게 되고 점이 공간 내에서의 위치라는 것을 어렴풋하게나마 알게 된다. 이러한 것들을 학교에서 수행하기는 힘들기 때문에 집에서 학부모와 함께 한두 번 해보는 것이 도형 관련 문제를 여러 개 푸는 것보다 훨씬 효과가 크다. 이를 하지 않으면 '직육면체 전개하기'는 아이들이 제일 싫어하는 것 중의 하나가 될 것이다.

:: 유비추리 연습, 따라해 보자!

먼저 할 것은 '겨냥도'를 그리는 것이다. 입체도형을 어려워하는 아이는 대부분 겨냥도를 잘 그리지 못한다. 겨냥도란 입체도형의 보이지 않는 부분을 점선 처리하여 그리는 것을 말한다. 비록 안 보이는 것을 그릴지라도 처음에는 보이는 것부터 출발해야 하며, 겨냥도를 그릴 때는 그림 자체를 잘 알아볼 수 있는 형태로 그려야 한다. 각의 크기나 모서리의 길이는 다르지만 평행한 모서리는 반드시 평행하게 그려야 하고 직각인 면도 똑바로 그려야 한다.

겨냥도를 통해 '두 직선이 어떤 위치관계를 갖는가? 두 직선은 만나거나 만나지 않을 수 있으며 만난다면 어떻게 만나나? 평행할 때의 거리는 어떠한가?' 등을 알 수 있도록 한다. 또한 보조선을 그을 때는 오로지 평행과 직각이 되도록 그어야 함을 일러주자.

직접 상자의 모양을 만들어 보라

직육면체의 전개도를 그리기 위해서는 직접 상자 모양을 자르고, 펼쳐보고, 종이를 잘라서 만들어보아야 한다. 이런 활동이 아이들이 도형을 어려워하지 않게 만드는 힘이 되기 때문이다. 특히 옆면을 펼쳤을 때 가로가 밑면의 둘레의 길이와 같다는 것을 이해하게 된다면, 직육면체의 겉넓이 구하기의 어려움에서 벗어날 수 있다. 나머지 여러 가지 각기둥이나 원기둥 등 다른 입체도형을 이로부터 이끌어내고, 여러 기둥의 전개도도 직육면체의 전개도를 바탕으로 이끌어내면 된다.

이런 활동이 없어도 문제를 잘 푸는 아이도 있지만, 대부분 아이들은 직접 자르고 만들어 봐야 도움이 될 것이다. 회전체도 직접 팽이나 상자 등 구체물을 돌려보는 작업이 선행된다면 훨씬 이해가 빠를 것이다.

공간도형인 구 역시 구체물에서 내부는 보이지 않지만 중심과 반지름이 있다는 생각을 끌어낼 수 있다. 이런 활동은 문장제에서도 그림을 그리는 데 있어 거침없도록 해주고, 머릿속에 명확하게 이미지를 떠올리게되어 문제마다 그림으로 그려야 하는 수고를 덜게 한다.

성현이의 도형 완전 정복기

5학년 말인 성현이는 연산 쪽에서는 빠르기도 되고 분수도 되지만 도형에 대한 두려움을 갖고 있었다. 수학에서의 두려움은 아는 문제조차 어렵게 느끼게 한다. 그렇기 때문에 두려움을 없애는 것이 최우선 과제다.

직사각형이 뭐니?

……. (머뭇거린다)

그럼 사각형이 뭐니?

변이 4개 있는 거요?

그래. 선분 4개가 모여 만든 도형을 사각형이라 하고 이때의 선분을 변이라고 하지. 그런데 '사각형'이란 말로부터 생각해보자. '사각'이란 말은 4개의 각이 있다는 말이고, '형'은 모양이란 말이다. 그래서 아주 어렸을 때는 세모모양, 네모모양이란 말을 사용했지. 그리고 비슷한 말로 '꼴'이란 말도 있단다.

그런데 선생님, 왜 사변형이라고 하지 않고 사각형이라고 했어요?

아주 옛날에는 처음에 사변형이라고 했었어. 그런데 수학자들이 이름을 바꿨단다. 이유는 나도 잘 모르겠지만, 아마도 터진 곳이 없음을 말하고 싶었고 각의 크기가 변의 길이에 미치는 영향에 관심이 높아진 탓이 아닌가 싶어.

한참 후

사각형이 4개의 각이 있는 모양이라면 이제 '직'이란 말만 알면 직사각형이 뭔지 알겠네?

4개의 각이 직각인 사각형이요.

그래 맞아. 그런데 직사각형은 4각이 직각인 사각형이 아니라 4각이 같은 사각형이야. 4각이 같으려니까 360도 나누기 4를 해서 90도가 되지.

그러네요!

그럼 직사각형의 둘레와 넓이를 알아보자. 가로가 $4cm$, 세로가 $3cm$인 직사각형이야. 둘레의 길이는 얼마지?"

$12cm$요.

혹시 둘레가 뭔지 아니?

알아요.

그럼 둘레가 뭔지 연필로 따라 그려보고 나머지 변도 수치를 적어봐라. 그리고 전부 더해라.

아, 넓이로 착각했어요. $14cm$요.

과연 넓이로 착각했을까? 가로와 세로를 더한 뒤 곱하기 2를 하잖

아. 그래서 곱하면 되는 줄로 혼동한 거 아냐?

맞아요, 어떻게 아셨어요?

다른 아이들도 비슷하거든. 네가 헷갈리면 남들도 헷갈리는거야. 연습이 적어서 그렇지 별거 아니야. 이제, 넓이는 뭐니?

$12cm$요.

아닌데.

맞아요. 가로 세로 곱하는 거 맞잖아요?

넓이 구하려면 가로 곱하기 세로 하는 거는 맞아. 하지만 $12cm$는 아냐. 그런데 가로 곱하기 세로가 직사각형의 넓이가 되는 거는 왜 그런지는 아니?

알아요. 옛날에 음료수 박스 안의 개수 세는 거 알려줄 때 알았어요.

좋다. 그럼 $4cm \times 3cm$에서 4×3은 12이고, $cm \times cm$는 뭘까?

12제곱센티미터요. 에이, 그런 거 갖고 그래요. 틀린 줄 알았잖아요.

당연히 틀리지. 비슷하면 맞다고 해야 되냐? cm와 cm^2는 길이와 넓이의 차이가 있어 보기에는 별거 아니지만 큰 차이가 있단다. 그럼 이 문제를 풀어봐라. 삼각형은 사각형의 반인 거는 아니?

같은 사각형을 대각선을 그리고 삼각형의 넓이를 물어보았다.

🙂 6cm요

😠 사각형의 넓이가 뭐였는데?

🙂 아, 알았어요. 6cm²요

😠 그럼, 이 삼각형의 넓이는 뭐니?

🙂 이걸 어떻게 알아요?

😠 이 삼각형도 똑같이 6cm²야. 삼각형에서 밑변과 높이는 사각형의 가로와 세로와 같고 어떤 삼각형이든지 사각형을 구해서 반으로 나누면 삼각형의 넓이를 구할 수 있단다. 또 밑변과 높이만 같다면 넓이는 모두 같지.

 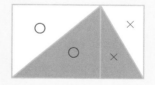

삼각형의 밑변은 어떤 변도 될 수 있고, 그것에 따라 높이도 달라지는 것을 몇 개의 삼각형을 더 그리며 설명했다.

이런 것도 같아.

뿐만 아니라 이런 삼각형들의 합도 모두 넓이는 같단다.

높이가 같다면 밑변의 합이 같은 삼각형도 모두 넓이는 같단다. 이
제 어떤 직사각형이든 삼각형이든지 넓이를 구할 수 있겠지? 그렇다
면 너는 모든 도형의 넓이를 구할 수 있을 거야.

에이, 도형의 종류가 얼마나 많은데요.

사람의 머리로는 사각형이 아니면 넓이를 구할 수 없어. 하다못해
원조차도 사각형으로 만들어서 넓이를 구해야 한단다.

정말 원도 사각형으로 만들어서 풀어요?

그래. 도형의 종류는 많지만 모두 사각형이나 삼각형으로 만들 수
있고, 사실 모든 도형의 넓이 공식은 삼각형이나 사각형을 만들어
풀고 있는 것을 나타내는 거란다. 따라서 삼각형과 사각형의 넓이만

잘 구하고 모든 도형을 잘라서 삼각형이나 사각형으로 만들 수 있으면 넓이 공식을 잊어버려도 상관없단다. 우리 도형들을 삼각형이나 사각형으로 만드는 연습을 해볼까?

그날 성현이는 사다리꼴, 평행사변형, 마름모는 물론 평행하지 않은 도형, 오각형, 육각형을 모두 사각형이나 삼각형으로 만들었다. 그 후 사각형과 삼각형의 넓이를 몇 번 더 구하고, 도형에 보조선을 긋는 연습을 한 뒤 공식을 전혀 사용하지 않고 넓이를 구했다. 언젠가 성현이가 공식으로 문제를 풀고 있어서 물었다.

> 공식을 안 알려주었는데 어떻게 공식으로 푸니?
> 공식 없어도 풀 수 있어요.

성현이가 히죽 웃으며 대답한다. 직육면체의 겉넓이를 구하는 것만 함께 휴지통으로 만들어 본 이후 도형에 대해 가르쳐주지 않았지만 성현이는 도형에 대해 자신감을 갖게 됐다.

5

이동_ 가장 어려운 것은 뒤집기(대칭이동)

'이동'이란 한 마디로 움직이는 것이고, 움직이는 것은 다시 모양이 바뀌면서 움직이는 것과 모양이 바뀌지 않는 움직임으로 나눌 수 있다. 모양이 바뀌는 이동은 고등학교에서 합성과 일차변환에서 다루게 되는데, 식으로 다루게 되어 도형 자체의 움직임보다는 식을 보는 눈이 더 필요하게 된다. 따라서 초등학교에서는 모양이 바뀌지 않는 이동만 배우는데, 이것은 '밀기, 뒤집기, 돌리기'로 압축된다.

이것들을 다루는 초등 4학년 평면도형의 이동은 모양이 바뀌지 않는 이동이다. 이 말은 모양이 바뀌지 않는 이동은 모두 이 세 가지로 설명이 가능하다는 말이다. 이 중에서 밀기는 아이들이 너무 쉬워하지만 뒤집기와 돌리기는 어려워한다. 특히 돌리기는 아이들이 가장 많이 어려워하지만, 다행히도 고등학교에서 '회전변환'이라고 하여 역시 식으로 처리하기 때문에 긴장하지 않아도 된다.

돌리기는 교과서나 문제집의 수준에서 멈춰도 좋지만 뒤집기는 좀 더 개념을 명확히 할 필요가 있다. 뒤집기는 보통 거울을 많이 활용하지만 가장 이상적인 활동은 '데칼코마니'다. 데칼코마니는 종이를 반으로 접었다가 편 뒤 한쪽 면에만 원하는 색상으로 물감을 짜서 그대로 접고 눌러준 다음 펼치는 미술활동이다. 대부분 미술시간에 데칼코마니 기법을 통해서 나비를 만들어 본 경험이 있기 때문에, 이것을 통해서 설명하면 아이들이 무척 빠르게 이해한다. 그런데 간혹 데칼코마니 활동을 하지 않았던 아이들은 무척 어려워하는 것을 볼 수 있었는데, 수학에서도 실질적인 활동이 얼마나 중요한가를 볼 수 있는 대목이었다.

데칼코마니로 그린 나비 그림이 그대로 5학년에서 배우는 선대칭도형이 된다. 데칼코마니로 만든 작품을 가지고 대칭도형의 성질이나 용어를 외우도록 활용하는 것이 좋다. 종이를 반으로 접었을 때 나타나는 선이 대칭축이며, 대응점끼리 이으면 대칭축과 수직으로 만나며 이 점이 대응점의 중점이 된다. 이것을 바탕으로 도형들 중에서 선대칭도형들을 찾아보고 그들의 대칭축의 개수를 세어보는 작업을 하면 된다.

잠깐 삼각형, 사각형, 원을 살펴보자.

같은 삼각형이라도 이등변삼각형은 대칭축이 1개이지만, 정삼각형은 대칭축이 3개다. 사각형 중에 등변사다리꼴은 1개, 직사각형과 마름모는 2개, 정사각형은 4개이다. 대칭축의 개수는 원에 가까운 정다각형일수록 많아지며 결국 원이 되면 셀 수 없이 많은 대칭축을 갖게 된다. 선대칭도형에서 대칭축을 중심으로 접었을 때 겹쳐지는 점을 대응점, 겹쳐지는 변을 대응변, 겹쳐지는 각을 대응각이라고 한다. 선대칭도형에서 각각의 대응변 길이와 대응각의 크기를 비교해 보면 그 길이와 크기가 같음을 알 수 있다. 정리해 보자.

선대칭도형의 성질

① 대응변과 대응각의 크기가 각각 서로 같다. (합동)

② 대응점끼리 이은 선분은 대칭축과 수직으로 만난다.

③ 각 대응점은 대칭축을 중심으로 같은 거리에 있다. (대칭축과 만나는 점은 두 대응점의 중점)

선대칭도형을 정확하게 이해하면 점대칭은 이해하기 쉽다. 점대칭은 한 점을 중심으로 $180°$ 돌렸을 때 처음 도형과 완전히 포개지는 도형이라고 정의하고 있는데, 그보다는 직관적으로 대응점을 이었을 때 이등분되고 만들어지는 점이 하나일 때를 대칭의 중심으로 보면 된다.

점대칭도형의 성질

① 대응변과 대응각의 크기가 각각 서로 같다.

② 각 대응점은 대칭의 중심에서 같은 거리에 있다.

③ 대응점끼리 이은 선분은 대칭의 중심에 의해 이등분된다.

선대칭도형과 점대칭을 배웠다면 '선대칭의 위치에 있는 도형'과 '점대칭의 위치에 있는 도형'의 구분이 필요하다. 선대칭의 위치에 있는 도형은 대칭축에 의해 완전히 겹쳐지는 두 도형을 의미한다. 두 도형을 '선대칭의 위치에 있다'라고 하고, 그 두 도형을 선대칭의 위치에 있는 도형이라고 한다. 선대칭도형은 대칭축이 여러 개일 수 있지만 선대칭의 위치에 있는 도형의 대칭축은 항상 1개뿐이다. 점대칭의 위치에 있는 도형 역시 마찬가지로 이해하면 되고 도형 역시 두 개다.

도형의 이동이 중요하다니까 밀기를 사용하는 텔셀레이션이나, 대칭을 주로 사용했던 화가 에셔의 작품 등을 보여주는데 이것은 너무 앞서는 것이다. 중·고등학교에서는 밀기를 '평행이동', 뒤집기를 '대칭이동', 돌리기를 '회전이동'이라는 이름으로 배운다.

중학교에서 아이들이 혼동하는 것은 첫째, 이름만 바뀌었다는 사실을 모르기 때문이고 둘째, 현실 속에서 이동이 밀기, 뒤집기, 돌리기가 따로 이루지지 않고 한꺼번에 이루어지는데 분리된 움직임을 선생님들이 각각 인식시키지 않기 때문이다.

고등학교에서는 주로 대칭이동 때문에 혼동이 오는데 대칭축을 중심으로 도형이나 그래프를 모두 이동시켰는지, 아니면 어느 한쪽만 대칭이동을 시켰는지에 대한 구분에 혼동이 오기 때문이다. 함수에서 평행이동은 일상이라서 어렵지 않다고 생각하는데, 식의 구분으로 들어가면 역시 인식하지 못하는 경우가 많다. 특히 대칭이동은 수능 출제자가 함수식을 만드는 원리로 자주 사용하기에 식만 보고도 이를 알아차리는 능력이 요구되는 데 그것은 그때 가서 하면 된다.

정리하면 초등학교에서는 단순하지만 모양이 바뀌지 않는 이동이라는 사실을 정확하게 인지시켜 주고 각각의 분리된 움직임을 이해해야 한다. 특히 대칭에서는 중점을 이해하며, 단순한 그림에서 대칭축을 변화시키면서 생기는 그림의 모습을 이해할 수 있어야 한다.

초등학교가 분수라면 중학교는 함수다

아이가 모든 수학을 잘하면 좋겠지만 분량이 많다면 중요한 것을 가려내야 할 것이다. 가장 중요한 것의 기준은 고등학교에서 나오느냐는 것이다. 필자가 초등학교에서 길러야 할 것으로 '이동'을 지목하는 이유는 바로 함수에서 이용되기 때문이다. 초등학교에서 배운 이동은 중·고등학교를 거치면서 모두 좌표축 위 즉, 함수의 그래프나 도형의 방정식으로 표현되고 이해된다.

앞서 초등학교에서 분수를 잡지 못하면 중3에서 모두 포기한다고 하였는데, 중학교에서 함수를 이해하지 못하면 고등수학 전체가 위험하다. 함수는 중학교에서 매년 한 단원 정도씩만 다루고 있어 분량으로는 얼마 되지 않는다. 그래서 시험의 내용을 잘 모르는 학부모로써는 함수를 다루는 1학기말 시험에서 점수가 일시적으로 내려간 것으로만 파악될 수도 있다. 그러나 고등학교에 가면 전체 수학의 90%가 함수로 채워지기에 설사 점수가 높게 나온다 해도 중학교에서는 반드시 함수를 체크해야 할 것이다.

시험에서 함수문제를 다 맞은 학생을 포함해서 현재 많은 중학생들이 함수에서 취약하다. 중학교에서 공부를 잘하는 아이는 방정식을 잘 풀기에 대입만 하면 답이 나오는 함수가 어렵지 않아 수학을 잘한다고 생각할 수 있다. 그래서 더더욱 함수의 부족부분을 알아채기 어렵다. 문제에 대입해야 하는 것도 하나밖에 나오지 않았는데, 공부를 잘하는 아이가 이것을 대입하지 못해서 틀리겠는가? 심하면 중학교 전교 최상위권에 드는 아이조차 함수를 대수롭게 생각했다가 고등학교에서 엄청난 노력과 시간을 투자한 후에야 잡는 것을 많이 본다. 그러니 많은 아이들이 고등학교에 가서 어려워하고 수포자의 길로 가는 것은 어찌 보면 당연하다.

개념은 쉬울 때는 문제가 되지 않다가 어려우면 비로소 그 진가를 드러낸다. 그렇지만 함수도 방정식에도 모두 취약성을 보이는 아이들은 당장 함수가 어렵다고 호소한다. 그래서 독자들 중에 중학교 선생님이나 학원 선생님들이 필자보고 중학함수를 다루는 책을 쓰거나 인강을 해달라고 요청하는 경우가 많다. 필자도 필요성을 인식하고는 있지만 바쁘다는 이유로 자꾸 밀리고 있다.

아이들이 함수를 어려워하는 것은 한 마디로 함숫값에 대한 인식부족이다. 그것은 교과서가 학생들에게 알려주는데 실패했기 때문이다. 교과서가 계속 개정되면서 쉬운 수학을 지향하고 아이들이 어려워하는 논리성을 자꾸 외면하고 있다. 필자가 보기에 교과서는 개념과 논리를 다루고, 선생님들의 가르치는 기술을 강화하는 것이 아이가 수학을 어렵지 않게 만드는 길로 보인다.

최근에는 아이들이 어려워 한다는 이유로 중학함수에서 최대, 최솟값을 빼려는 움직임마저 있다. 그러나 3년을 투자해서 함숫값 하나 가르치지 못했는데, 고등학교로 넘긴다 해서 나아질리 없으며 단지 포기 시점만 연장할 뿐이다. 개념을 외면하고 교과서가 논리에 해당하는 부분을 빼면 아이에게 남는 것은 직관이고 문제 풀이 기술밖에 의존할 게 없다. 그런데 개념 없이 일상생활에서 만들어진 직관은 잘못 사용되는 경우가 많아서 틀릴 가능성이 높다.

　　수학의 중요성을 알기에 비록 포기선언은 하지 않지만, 고등학교 1학년이 되면 심정적으로 수학포기자가 엄청나다. 이것의 직접적인 원인도 이차방정식, 이차부등식, 이차함수이며, 이들 모두 함숫값에 대한 인식을 바탕으로 하고 있다. 아이가 중학교로 올라가면 지금보다도 파악이 더 어려워지겠지만, 본인이 모를 수 있으니 함수만큼은 고등학교에서 이유도 모르는 어려움에 시달리기 전에 부모가 체크하고 해결해 주어야 할 것이다.

6

확률_ 경우의 수를 놓치지 마라

초등학교에서 확률의 목표는 '경우의 수'를 구할 수 있으며, 간단한 확률로 표현할 수 있도록 하는 데 있다. 이 중, 경우의 수를 가장 확실하게 이해시켜야 한다. 확률은 중학교 2학년 때 한 번 나오고 고등학교에 가서는 '확률과 통계'란 책 한 권의 분량으로 이어진다. 초등학교도 중학교도 경우의 수는 단원 자체가 적어 연습을 충분히 할 수 없다는 말이다.

수능 출제범위가 보통 3권이니 거의 $\frac{1}{3}$이다. '확률과 통계'는 다른 분야보다 쉬워하는 아이들이 많다. 그러나 어려워하는 아이들이 공통적으로 막히기 시작하는 부분이 경우의 수(순열과 조합)이다. 아이들이 '확률과 통계'를 쉬워하는 이유도 확률이 어렵게 나오지 않아서이며, 만약 통계를 어렵게 출제하려고 한다면 출제자는 확률을 건드리게 될 것이다.

경우의 수를 어려워하는 이유는 일반적으로 두 가지 경우다. 첫째, 문제가 요구하는 조건에 따라 각각 분류하고 거기에 해당하는 경우들을 하나하나 나열하는 것이 귀찮고 까다롭기 때문이다. 문제의 조건에 따라 각 경우를 조사하는 것은 비단 확률에서만이 아니라 교육평가원의 출제지침에도 나와 있지 않지만, 필자가 보기에 수능 최고의 난이도 문제에 활용하는 방법으로 보인다. 하나하나 '조사'하는 것은 그 중에 하나만 빼먹어도 틀리기 때문에 정답률이 1~2%까지 내려가는 킬러문제다. 차분하고 논리적 접근을 해야 하는 이런 문제를 단번에 해결할 수는 없지만, 앞으로 중·고등학교에서 조금씩 논리적 접근을 통해서 해결해나가야 하는 방향이 있다는 의미다.

둘째, 곱의 법칙과 합의 법칙을 구분하는 것이다. 주어진 조건의 경우나 확률을 구하고 나서 이들을 곱해야 하는지 더해야 하는지를 구분하지 못하면 미궁에 빠지게 된다. 초등학교나 중학교에서 다루는 확률은 간단한 분류를 하고 곱과 합을 구분할 수만 있다면 대부분의 문제가 풀린다. 사실 곱과 합의 구분은 단지 확률에서만 사용되는 것이 아니라 앞으로 중·고등학교 모든 문제에서 기본으로 깔려있다. 직관적으로 곱과 합을 구분하여 문제를 풀게 되면 당장은 쉬워서 맞을 가능성이 높다. 그러나 앞으로 어려운 문제에 대비하려면 정확하게 해주는 것이 좋다.

경우의 수를 연습하기 위해서는 먼저 '같은 수의 더하기가 귀찮아서'라는 곱셈의 의미를 이해하고 있는지 확인해야 한다. 경우의 수를 구할 때 합을 해야 하는 경우가 있고 곱해야 하는 경우가 있는데 이를 구분해주기 위해서다. 곱셈의 의미를 알고 있다면 '수형도'(나뭇가지 모양으로 아래 예시문제를 보라)를 그리는 연습을 몇 번 하고, 그로부터 곱셈의 의미를 뽑아내도록 지도해야 한다. 복잡한 것은 수형도를 계속 그려야겠지만 경우의 수에서 나오는 것들은 수형도를 그리지 않고도 모두 곱셈의 의미로 문제를 풀 수 있도록 되어 있다. 문제를 하나 다루어보자.

3, 4, 5, 6이란 4개의 숫자 카드를 가지고 두 자리 숫자를 만들면 몇 가지 경우가 있겠는가?

수형도

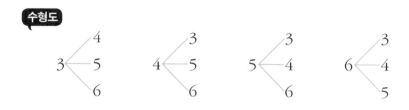

곱의 법칙

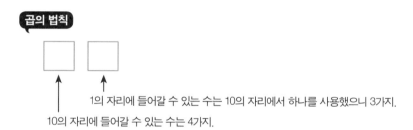

1의 자리에 들어갈 수 있는 수는 10의 자리에서 하나를 사용했으니 3가지.

10의 자리에 들어갈 수 있는 수는 4가지.

먼저 숫자카드의 의미를 생각해야 한다. 주어진 숫자카드는 모두 다른 숫자로 되어있고 당연하지만 한 카드를 동시에 사용할 수는 없다. 두 자리 수는 '자리가 두 개 있는 수인데 두 자리는 각각 십의 자리와 일의 자리'로 다르게 되어있다. 그래서 34와 43은 다른 숫자로 다른 경우로 카운트를 해야 한다.

이 문제처럼 중복하지 않고 숫자의 나열에 순서가 있다면 고등학교에서 '순열'이라 하며 만약 순서가 없는 경우라면 '조합'이라 한다. 이름은 몰라도 되지만 중요한 것은 $4 \times 3 = 12$(가지)에서 4와 3을 곱하는 이유를 잘 알아야 한다. 그래야 문제마다 수형도를 그리는 번거로움에서 해방된다. 한걸음 더 나아가서 앞의 숫자카드로 세 자리 수를 만들면 $4 \times 3 \times 2$이고, 네 자리 수를 만들면 $4 \times 3 \times 2 \times 1$이다. 이 중에 네 개의 숫자카드 중에서 네 자리 수를 만드는 방법은 주어진 숫자카드를 그냥 나열하는 방법이라는 표현과 같다는 것을 알아야 한다.

그 동안 저학년에서 아이들은 여러 가지 숫자카드로 직접 두 자리 수나 세 자리 수를 만드는 연습을 해 왔는데, 그냥 가짓수만 묻는다면 이 방법이 가장 쉽다고 아이에게 말하고 곱셈의 의미를 철저히 살릴 수 있도록 독려해 주라. 그 후 제시되는 여러 문제는 보기에는 모두 달라 보이지만 사실 두 자리나 세 자리 수를 만드는 원리와 모두 동일하다.

예를 들어 다섯 명 중에서 회장과 부회장 두 사람을 뽑는다면 다섯 장의 숫자카드에서 두 자리 수를 만드는 것이다. 그리고 네 사람을 한 줄로 세우는 방법은, 제시된 네 개의 숫자카드를 모두 사용하여 네 자리 숫자를 만드는 것이다. 숫자카드를 십의 자리와 일의 자리를 바꾸어 놓은 것이 서로 다른 숫자였다면, 순서가 상관없는 경우를 그 이후에 가르치면 된다. 순서가 없는 경우는 앞서 조합이라고 했는데 문제집에서는 점 잇기 등으로 다루고 있다. 주어진 숫자카드에서 두 개의 숫자카드를 뽑아서 순서를 없애려면 두 개의 숫자카드를 나열하는 방법인 2×1로 나누어주면 된다.

순서가 있는 것을 먼저 구하고 다시 순서가 없는 경우는 구한 수에 $2 \times$

1로 나누어 주면 중학교까지 경우의 수가 끝난다. 이를 통해 두 사람의 대표 뽑기, 운동경기의 리그전, 악수를 나눈 횟수 등을 구하게 된다. 중학교 때까지 두 가지뿐이다. 주의할 것 하나는, 아이들은 대표 두 명이라는 말을 오해하는 경우가 많다. 대표는 회장과 부회장이나 반장과 부반장 등이 아니라 청소당번, 대의원 등 아무나 두 사람이란 뜻이다.

경우의 수가 끝나면 확률을 가르쳐야 하는데 모든 경우의 수에 대한 특정한 경우의 수를 '확률'이라 한다. 이것은 0에서 1까지의 수, 즉 분수 $\frac{(특정한\ 경우의\ 수)}{(모든\ 경우의\ 수)}$로 나타내고 이것을 '수학적 확률'이라 한다. 어떤 사건이 일어날 확률을 정의하려면 먼저 일어날 수 있는 사건이 전부 어떤 것인지 정확히 알아야 한다. 그 다음 주사위 또는 동전 던지기, 카드놀이에서 보듯이 각각의 사건이 갖는 확률이 같아야만 하는 두 가지 조건을 충족해야만 한다. 그런데 확률에서 분모는 '모든 경우의 수'이고, 분자는 '특정한 경우의 수'이니 결국은 경우의 수가 중요하다.

분수가 잘 되어 있고, 곱과 합을 구분할 수 있는 아이라면 많이 어려워하지 않는다. 이를 어려워한다면 분수의 확장인 비를 충실히 해 주고, 합과 곱이 확률에서 다시 쓰이니 곱의 의미를 살린 경우의 수를 좀 더 다져주어서 확률을 강화시켜 주는 것이다. 대부분의 문제는 어려워하지 않지만 그래도 조건을 따져야 하는 문제는 까다롭다. 어려운 문제는 어려운 걸 어쩌랴. 이럴 때는 문제의 수를 줄이고 답에 연연해하지 않고 앞으로 나아갈 방향임을 공감해보자.

곱의 법칙과 합의 법칙

고백컨대 필자가 고등학교 때 가장 어려웠던 것이 확률과 통계였다. 지금 생각해보면 아무것도 아닌 것을 그때는 왜 그렇게 이해가 되지 않았을까? 한번 막히면 그 다음을 못 넘어가는 필자는 경우의 수에서 곱과 합의 법칙을 구분하지 못하고 막혀서 확률도 통계도 충분히 못해서 대학의 수준이 바뀌었던 것 같다. 주어진 조건을 하나하나 나열하는 것까지는 하겠는데, 그다음 이것을 곱해야 하는지 더해야 하는지를 찍어야 하는 심정을 이해하겠는가?

합과 곱을 구분하지 못하는 중학생들을 보면 나의 과거를 떠올리며 전철을 밟지 않게 하기 위해서 애쓴다. 그래서 아이가 이것을 구분하게 되면 '나에게 배워서 나만도 못하면 안 되지'라며 비로소 안도감(?)을 갖는다. 곱과 합의 구분은 한 마디로 '완성까지는 곱하고 완성된 것끼리는 더한다'는 것이다. 몇 개의 문제를 통해서 확인해보자.

세 개의 동전 A, B, C와 한 개의 주사위를 동시에 던져서 나오는 모든 경우의 수를 구하여라.

답은 $2 \times 2 \times 2 \times 6 = 48$이다. 그런데 12나 36은 $2 \times 2 \times 2$를 8이 아닌 6으로 했기 때문이지만, 12, 14 또는 36과 같은 오답이 나올 가능성이 많다. 완성이라는 시각으로 바라보면 문제가 요구하는 것은 세 개의 동전과 주사위를 모두 던져야 완성된다는 것을 알 수 있다. 따라서 모두 곱해야 하는데 곱해야 하는 이유는 수형도 이외에는 방법이 없고 이것을 매번 할 수는 없다. 그런데 아이는 숫자가 너무 크다고 생각되면 '아닌가?'란 생각을 한다. 간혹 '동시에'라는 말로 상황을 설명하는 선생님들도 있지만 동시에든 하나씩 던지든 결과는 같다.

A지역에서 시청까지 가는 방법은 지하철로 3가지 노선, 버스로는 5가지 노선이 있다. A지역에서 시청까지 가는 방법은 모두 몇 가지인가?

문제가 제시하지 않은 걸어서나 택시나 그 밖의 교통수단은 배제하는 것이 맞지만 아이가 문제가 잘못 되었다고 우길지도 모른다는 생각이 잠깐 든다. 답은 8가지며, 특별히 아이의 생각이 삼천포로만 빠지지 않는다면 이것을 모르지는 않을 것이다. 그런데 잠깐 왜 더했는지를 생각해보자. A지역에서 시청까지 가야 문제가 요구하는 완성의 가짓수가 된다. 그런 의미로 각 노선들이 각각 A에서 시청까지 가서 완성되고 있고 완성된 것들끼리는 더한다가 부합된다. 마지막으로 '조사'를 필요로 하는 문제를 하나 다루어보자.

확률은 $\dfrac{(특정한\ 경우의\ 수)}{(모든\ 경우의\ 수)}$ 인데, 주사위를 두 번 던진다고 하였으니 전체 경우의 수는 6×6=36이다. 첫 번째가 두 번째 수의 배수인 경우를 순서쌍으로 나타내보자. 그런데 첫 번째 수가 배수가 되려면 두 번째 수는 첫 번째 수의 약수이어야 한다.

첫 번째 수가 1일 때: (1, 1)
첫 번째 수가 2일 때: (2, 1), (2, 2)
첫 번째 수가 3일 때: (3, 1), (3, 3)
첫 번째 수가 4일 때: (4, 1), (4, 2), (4, 4)
첫 번째 수가 5일 때: (5, 1), (5, 5)
첫 번째 수가 6일 때: (6, 1), (6, 2), (6, 3), (6, 6)

이것들은 첫 번째 수가 두 번째 수의 배수가 되는 조건을 완성한 것들이고 따라서 더해야 하는데 모두 14가지이므로 확률은 $\dfrac{14}{36}=\dfrac{7}{18}$이다. 초등생이 이 정도 풀 수 있다면 훌륭하다.

7

문장제 문제_ 수학능력의 총 집합체!

문장제 문제, 왜 중요한가?

문장제 문제에 능통하다는 것은 아이의 수학 실력이 뛰어나다는 것을 의미한다. 하나의 문장제 문제를 통해 수학적 문제 해결, 수학적 의사소통, (아이들 간의 혹은 부모와의) 협동학습 등 다양한 수학적 목표들을 달성할 수 있다. 다른 교과까지 통합적으로 포함할 수 있기 때문에 더욱 중요하다. 또한 실제 생활과 밀접하게 관련된 문제로 구성되어 있어 수학적 관계를 가르치는데도 매우 유용하게 쓰인다.

그리고 제일 중요한 것은 대학 입시, 즉 수능에서 문장제가 차지하는 비중이 절대적으로 높다는 것이다. 그런데 안타깝게도 이것을 연습할 수 있는 기회는 상대적으로 적다.

중학교 문장제는 방정식의 활용과 함수의 활용에서 약간 나올 뿐이다. 그래서 초등학교 문장제 문제가 더 중요하다. 문장제는 초등수학 확장의 목표이지만, 무조건 문장제 문제를 풀리면서 아이에게 깊은 생각을 요구하면 해결되지 않는다. 미리미리 준비해야 할 것들이 있다. 제일 먼저 부담감을 없애주고, 그런 다음 연산기호의 의미를 알게 해 주어라. 그 이후에 수학적 용어를 알게 해야 하며, 그래도 어렵다면 그림을 그릴 수 있도록 해야만 비로소 아이의 머리가 가동되기 시작할 것이다.

연산에서도 생각을 하도록 독려하자!

실제로는 아이들을 가르치지도 않는 많은 전문가들이 사고력이 중요하다며 아이가 깊은 생각을 하게 해야 한다고 한다. 맞다. 그런 말을 들으면 '그래, 네가 한 번 깊게 가르쳐봐'라는 말이 목까지 차오른다. 깊은 생각은 고사하고 조금도 생각하려하지 않는 아이들이 많아서 '조금만 생각해보자'를 입에 달고 다닌다. 그럼에도 한 자리 수끼리의 덧, 뺄셈 등 기본적인 연산은 생각할 겨를도 없이 빨리 나와야 한다. 그러나 자연수가 끝난 4학년이나 분수가 끝난 6학년이라면 연산도 잠깐 어떻게 푸는 것이 빠른지를 생각해보아야 한다.

예를 들어 4학년이라면 $2\times2\times2$, 6학년이라면 $\frac{35}{56}\times100$라는 문제를 한 번 풀려보라. $2\times2\times2$의 답은 8인데 많은 아이들이 6이라고 할 것이다. 한 번도 이런 문제를 다루어 본 적이 없어서다. 이 실력으로 중학교에 들어가면 곧장 2^3, 2^4, $\left(\frac{1}{2}\right)^3$ 등을 묻는다. 이처럼 아이들이 어려워하는 데에는 중간과정이 생략되었기 때문이라는 생각이 들지 않는가? 그리고 $\frac{35}{56}\times100$의 답은 62.5인데 아마도 빠른 아이라면 5초도 안 걸릴 것이고,

늦는 아이라면 5분 이상 걸리거나 아니면 끝내 답을 내지 못하는 아이도 있을 것이다. 시간상의 차이가 이렇게 극명하지만 실제 실력의 차이는 별 거 아니다. 빠르게 푼 아이는 100을 곱하고 있으니 $\frac{35}{56}$를 소수로 바꿀 생각을 하여 $\frac{5}{8} \times 100 = 0.625 \times 100 = 62.5$라는 답을 낸 것이고 오래 걸린 아이는 아마도 56과 100을 약분하기 시작하였을 것이다.

아이가 생각하게 하려면 생각의 유용성을 알아야만 한다. 유용성을 인식하지 않는 한 '조금만 생각을 해보자'를 입에 달고 다녀도 되지 않는다. 기본적인 연산이 끝났다면 문장제뿐만 아니라 연산을 풀 때도 잠깐 생각을 하는 것의 차이를 인식시켜야 한다.

수학에서 쓰는 말을 알자!

아이가 사칙연산 기호의 의미와 등호, 부등호, 괄호의 의미를 알고 이를 어느 정도 자유자재로 사용할 수 있는가? 그렇다면 문장제의 80%는 풀어보기도 전에 해결했다고 볼 수 있다. 나머지 20%는 문장제를 풀면서 해결하면 되는데 이 중 수학적 용어들을 익숙하게 해 주는 것이 좋다.

다음은 도형 파트를 제외하고 생각나는 용어들을 열거해 본 것이다. 이렇게 써보니 많은 것 같지만 겹치는 것도 많고, 6년 동안 배운다 생각하면 그렇게 많은 것도 아니다. 이 용어들을 정확하게 알아야 용어를 통해 수학의 많은 개념을 함께 기를 수 있다.

합, 식, 모두, 더 많이, 더 높은, 남다, 증가, 차, 차이, 어떤 수, 사고 남은 돈, 거스름돈, 나머지, 씩, 등분, 똑같이 나누어, 모자라다, 적다(작다), 두 개와 두 번째, 줄, 각각, 2배, 배와 배수, 조, 다스, 같도록, 홀, 짝, 쪽과 쪽수, 곱, 몫, 차례로, 처음에 가지고 있던 돈, 한 자리 수, 두 자리 수, 세 자리 수, 각 자리 숫자, 자릿값, 마주보기, 1열, 수직선, 주고 남은 리본, 크지 않다, 작지 않다, 가로와 세로, 대각선, 기호, 올림, 반올림, 버림, −에서−까지, 사이의 수, 이상과 이하, 초과와 미만, 연속된 두 수, 절반, 두 배씩, 대표, 거듭제곱, 와(과), 그리고, 또는, 등식....

그렇다면 초등학교 2학년 문제를 통해 문장제를 풀어보자.

영민이는 어제와 오늘 동화책을 75쪽 읽었습니다. 오늘 읽은 동화책이 39쪽이라면, 어제 읽은 동화책은 몇 쪽입니까?

위 문제를 풀기 위해서는 다음과 같은 법칙이 필요하다. 첫째, 불필요한 내용을 삭제하고 필요한 것을 얻을 수 있어야 한다. (어제)+(오늘)=75이고, (오늘)이 39이니 (어제)+39=75가 머리에 들어와야 역연산이든 등식의 성질이든 문제를 풀 수 있게 된다. 그래도 이해를 못하면 수직선으로 그림을 그려서 이해하게 하면 된다.

둘째, 큰 수 때문에 어려워 할 수 있으니 75를 10으로, 39를 4로 바꾸어 '(어제)+4=10'처럼 설명할 수도 있어야 한다.

셋째, '쪽'이라는 용어를 설명해야 한다. 쪽이라는 것을 설명하기 위해 페이지나 장을 설명할 수도 있을 것이고, 쪽과 쪽수 역시 구분해서 설명해주어야 한다. 대부분 아이들은 이를 구분하지 않고 아무 생각 없이 문제를 푼다. 물론 위 문제만 푸는데 쪽과 쪽수를 구분하는 것이 불필요할 수도 있다. 하지만 위 문제에서 '몇 쪽입니까?'의 쪽이 순서를 의미하지 않고, 양을 나타내는 '쪽의 수'를 의미한다는 것을 척 보고 알 수 있어야 한다. 그래서 답은 '38쪽' 보다는 엄밀히 말해서 '38쪽수'다. 물론 당장은 한 가지만 알고 있는 것보다는 혼란스럽겠지만 그렇다고 용어를 지나쳐서는 안 된다.

넷째, 아이들이 문제의 계산식을 가로셈으로 썼다 해도 아마도 계산을 위해서 세로셈으로 하려 할 것이다. 두 자리 수 정도는 암산으로도 할 수 있어야 한다. 이 문제의 75−39는 76−40과 같다는 것을 알게 되면 암산을 하게 된다. 다양한 암산 기술도 가르쳐서 더 편하다는 생각이 들지 않으면 아이가 거부할 것이다. 어차피 세로셈으로 하여 아이가 배운 대로 일의 자리 수끼리 10의 자리 수끼리 하더라도 10의 자리 수에서 오답이 나올 확률은 비슷하다. 암산이 오답을 만드는 것이 아니라 생각을 조금도 하지 않으려는 마음이 간단한 것조차 오답을 만드는 것이다.

팁_ 초등학교 저학년 때 배우는 반대말 − '안−'

아이들이 '크다'의 반대말을 '안 크다'라고 할 때가 있다. '크다'의 반대말은 '안 크다'가 아니고 '작다'이다. 그렇다면 '안 크다'와 '작다'는 어떻게 다른가? 안 크다는 작기도 하지만 같아도 되기 때문에 반대말이 될 수 없다. 그래서 같을 수 없는 경우의 말 즉 '하다'의 반대말은 '안하다'라는 말을 사용할 수도 있다. 아이가 이를 이해하면 부등식의 개념을 알려준다. 조금 더 진전 시킨다면 '크거나 같다'의 반대말은 '작거나 같다'처럼 사용할 수 있다. 지금 설명한 것은 고등학교의 명제에서 부정의 의미를 설명한 것이다. 여기에다 '크지 않다'는 것이 '작거나 같다'와 같다는 것을 알려준다면 여집합의 근본 개념을 알려준 것이다. 이처럼 수학의 용어를 문제에서 보든 일상생활에서 사용하든 항상 정확하게 사용하려고 노력하고, 용어의 깊은 의미를 살리기 위해 조금씩만 애쓰면 어렵지 않을 것이다.

문장제를 잘 하게 하는 특급처방

:: 기존의 학습지를 문장제 학습용으로 엮는 방법

문장제는 자연수 문장제와 분수 문장제 두 권으로 만든다. 자연수 문장제는 자연수의 확장 이후 100쪽 정도로 만들어 연습시킨다. 그런데 어떤 교과서나 문제집에서도 사칙연산이 동시에 나오지 않는다. 4학년 혼합계산 파트에 일부 나오지만 연산의 의미가 들어가지 않은 경우 어려워한다. 혼합을 하기 전에 차곡차곡 문제를 편성해야 한다. 덧셈과 뺄셈은 그래도 아이가 혼동하지 않는 개념 중 하나다. 그래서 처음부터 덧셈과 뺄셈을 섞는 문제를 넣기 시작한다. 다만 어렵다는 인상을 주지 않기 위해 큰 수는 가능하면 배제하되, 잉여정보문제 등 잘 읽기만 하면 함정을 피할 수 있는 문제를 중간에 섞어 놓는다.

그런 다음 곱셈과 덧셈을 섞는 문제, 나눗셈과 뺄셈을 섞는 문제를 넣는다. 이제 비로소 사칙연산을 혼합시킨다. 특히 곱하고 더하는 문제와 빼서 나누는 문제를 혼동하지 않고 풀 수 있는 문제를 꼭 넣어야 한다.

분수의 문장제는 사칙계산이 잘되고 확장이 끝난 시점에서 역시 100쪽 정도를 만든다. 분수의 문장제는 크게 연산기호의 의미를 살리는 문제, 문장을 방정식으로 만드는 문제, 나머지 처리와 비례식을 연결하는 문제, 1을 기준으로 하는 문제 등 4가지로 나누어 순차적으로 엮는다.

:: 테스트 결과에 따른 반복의 정도

처음에는 2~3장씩 오답을 걱정하지 않고 개념을 잡아가며 천천히 세 번을 푼다. 이후에는 오답이 나오지 않을 때까지 1개월 후, 3개월 후, 6개월 후, 1년 후에 각각 한 번씩 풀어 본다. 대개 오답은 같은 것이 나올 것이다. 그 이후에는 오답이 나온 것만을 다시 정리하여 양을 줄이면 아이의 부담도 적어진다.

:: 기본을 지켜서 차곡차곡 해나가라

아이가 문장제를 어려워한다면 어느 부분을 왜 어려워하는지 구체적으로 파악한 후 부족부분부터 차곡차곡 길러야 한다. 다음과 같은 흐름으로 공부하게 하면 좋다.

1단계. 기본 연산이 된다면 문장제를 위해 연산기호의 의미를 먼저 길러준다

2단계. 등호나 부등호, 괄호 등의 기호를 말로 할 수 있게 해야 한다.

구체적인 문제를 통해 알아보자. 다음 문제는 초등학교 5학년 교과서에 나오는 '약수와 배수' 부분의 문제다.

14와 17을 어떤 수로 나누면 나머지가 모두 2이다. 어떤 수를 구하여라.

이 문제에서는 나머지가 2이기 때문에 14와 17에서 각각 2를 뺀 수인 12와 15를 나누어 떨어지게 하는 수, 즉 12와 15의 공약수인 1, 3 중에 나머지가 2가 나올 수 없는 1을 제외하고 답은 3이 된다. 이 문제를 풀기 위해서는 $14 \div 3 = 4...2$를 잘해야 하고 $(14-2) \div 3 = 4$를 이해해야 한다. 이 또한 14에서 3을 네 번 빼면 2가 남는데 이 2를 14에서 빼면 3으로 뺄 때 네 번 빼고 나머지가 없게 된다. 즉 나누어떨어진다는 것을 이미 알고 있었어야 한다. 그렇지 않고 다음 문제를 만나면 더욱 혼동할 것이다.

어떤 수를 5로 나누어도 3이 남고, 7로 나누어도 3이 남는다. 어떤 수 중에서 가장 작은 수를 구하여라.

5나 7로 나누어떨어지려면 어떤 수에서 3을 빼야 한다. 그러면 어떤 수는 5와 7의 공통인 배수에 다시 3을 더한 수가 된다. 즉 35의 배수들에 3을 더한 수들인 38, 73, …인데 이 중 가장 작은 수를 구하라 했으니 답은 38이 된다.

이 문제를 풀기 위해서는 □ ÷ 5 = □...3에서 □-3이 5의 배수가 됨을 이해하고 있어야 한다. 그래야 마지막에 5의 배수에 3을 더하게 된다.

위 두 문제에서 보듯이 그 기본을 교과 과정으로 보면 3학년에 해당한다. 연산을 할 수 있다는 것에 만족하고 수를 운행하여 나머지 처리까지 시켜주지 않으면 문제를 원활히 풀지 못한다. 이것을 가르치기 어려워 약수란 '나누어떨어지는 수'라고 외우게 하지만, 역시 나눈다는 말이 배수와 약수에 동시에 쓰이니 연산의 의미를 제대로 배우지 못한 아이를 혼동시키기는 마찬가지다.

그래도 안 되니 문제에서 급기야 '가장 작은 수'는 최소공배수, '가장 큰 수'는 최대공약수라고 알려주며, 단순히 문제 푸는 기술을 가르치게 된다. 개념은 이런 가르침 속에 묻힐 수밖에 없다. 차라리 최소한 '12로 나누어떨어지는 수는 12의 배수, 12를 나누어떨어지게 하는 수는 12의 약수'에서 곱하기와 나누기의 의미를 살리도록 해주는 것이 그나마 효과적이다. 이처럼 '약수'는 교과서에 나온 것처럼 '나누어떨어지는 수'가 아니라 '나누어떨어지게 하는 수'로 이해시켜야 한다.

이런 형태의 문제가 고등학교 때까지 시차를 두며 계속 나온다. 따라서 임기응변에 의존하지 말고 연산기호의 의미를 살리는 문제부터 제대로 해야 한다.

:: 책을 많이 읽고 다양한 문제를 여러 번 풀면 문장제는 해결될까?

많은 선생님들이 문장제를 풀지 못하는 이유를 책을 많이 읽지 않은 탓으로 말하면서 책임을 피해간다. 하지만 글의 이해도가 높은 아이에게도 수학은 까다로울 수 있다. 수학에서 쓰이는 기호의 의미나 용어에 대한 이해가 없다면 사용할 수 없는 것은 마찬가지다.

수학은 수를 가지고 하는 언어라고 앞에서도 누차 말씀드렸다. 수학은 다른 언어와 달리 읽기와 쓰기로만 구성되어 있는데, 대부분 수학공부는 읽기에 집중되며 쓰기가 바로 문장제에 해당한다.

쓰기는 당연히 읽기를 잘해야 가능하다. 그렇다고 수학을 소리 내어 읽으라는 얘기가 아니고 올바른 이해를 해가며 읽어야 한다는 것이다.

예를 들어 '$12 \div 3$'을 '12 나누기 3'이라고 읽는 것은 의미가 들어가지 않아서 문장제를 푸는 데는 아무런 도움이 되지 않는다. '$12 \div 3$'을 '12에서 3을 몇 번 뺄 수 있나?'라고 해야 나눗셈의 의미가 다가온다. 그래야 위 문제를 제대로 읽었다 할 수 있는 것이다. 직관적으로 4라는 답이 곧장 나오게 하는 노력이 필요하지만, 별도로 의미를 살리는 읽기가 되어야 문장제를 해결할 수 있다는 것이다.

분수에서도 마찬가지다. '$2 \div 3$'가 곧장 $\frac{2}{3}$가 나와야겠지만 '2에서 3을 몇 번 뺄 수 있을까?'가 되어야 1보다 작은 분수로서의 답의 의미가 들어온다. $50 \times 3\frac{2}{5}$라는 문제가 있다면 50이 3번 더해지고 다시 50의 $\frac{2}{5}$가 다시 더해지는 것을 말로 할 수 있어야 엉뚱한 오답을 눈앞에 두고도 멀뚱하니 있는 아이의 모습을 피할 수 있을 것이다.

:: 긴 문장의 문제는 끊어 읽어 이해하게 하라

9의 모든 약수의 합에 홀수를 더하면 짝수인가, 홀수인가?

저학년과 점차 달리 고학년이 되면 수학 문제의 특징 중의 하나는, 표현이 간단명료하다는 것이다. 문장제 문제는 수식어나 조사를 생략하기도 하고 군더더기 표현을 되도록 없앤 짧은 문장으로 되어 있다. 위 문제는 비교적 짧은 지문이지만 더하기를 무려 네 번이나 사용해야 하는 문제다. 긴 단락을 하나의 숫자로 바꾸어서 간단한 형태로 바꾸게 하라. 9의 모든 약수의 합을 13이라고만 고쳐도 '13에 홀수를 더하면 짝수인가 홀수인가?' 라는 간단한 문제로 바꿀 수 있다.

아이는 9의 약수가 무엇인지, 합이 무엇인지 그리고 짝수와 홀수가 무엇인지 전부 다 안다고 해도 실제 문제의 답을 찍는다. 그 이유는 첫째, 9의 약수가 1, 3, 9이고 합이 더하라는 것인데 '이게 정말 더하라는 것일까?' 하는 의문을 갖는다. 어이없는 말처럼 보이겠지만, 많이 접하지 않은 아이는 하라는 대로 하면 되는 문제조차 이런 의문과 두려움을 갖는다. 둘째, 첫 번째 작업을 머릿속에서 하였다 해도 실제 13이란 합과 홀수를 더하는 식인 '13+(홀수)'를 세우지 않았기에 혼동한다.

이해할 수 있는 범위 내에서 단락을 끊어서 이해하고 간단한 식을 만들어 전체 문장 자체를 단순한 형태로 바꾸면 비교적 쉬운 문제가 된다. 아이에게 이렇게 하면 쉽게 풀 수 있다는 자신감을 심어주어야 모든 문제를 설명하지 않아도 된다. 연산기호의 의미를 몰라 읽어보지도 않고 숫자만 보고 식을 만들어 푸는 습관을 단지 몇 문제를 통해 바꾸기는 쉽지 않을 것이다. 따라서 다소 쉬운 문장제를 연산의 의미를 살려 푸는 연습을 충분히 시킨 이후에 긴 문장의 문제를 풀게 하는 것이 좋다. 예를 들어 다음 문제를 보자.

> 나는 19보다 1크고 33보다는 10작은 수 사이에 있는 수입니다. 나는 어떤 수들입니까?

이 문제는 '19보다 1크고'에서 끊고 20을, '33보다 10작은 수'에서 끊어 23이라고 생각한다면, 아이의 머릿속은 다시 20과 23 사이의 수라고 생각되어 답을 쉽게 찾아낼 수 있다. 예를 하나 더 들어 보자.

> 빨간 장미 17송이, 흰 장미 18송이, 노란 장미가 4송이 있습니다. 빨간 장미와 노란 장미는 모두 몇 송이 있습니까?

불필요한 흰 장미의 개수를 알려주는 과잉정보 문제다. 답은 17+4=21(송이)이다. 잘 읽어보기만 해도 잘 풀 수 있는 문제다. 하지만 문제를 읽지 않고 답을 구하는 아이는 숫자만 보고 17+18+4=39(송이)라는 답을 써 놓곤 한다. 가끔은 잘 읽기만 해도 답을 구하는 문제를 주어야 한다. 문장제라고 모두 어려운 문제 일색이라면 아이는 쉽게 지치기 때문이다.

문장이 길어서 아이가 난처해 한다면 이해할 수 있는 범위까지 끊어 읽게 한다. 다소 복잡하게 보이는 문제는 필요 없는 것을 가지를 쳐내듯 없애 버리고 크게 볼 수 있어야 한다. 이것은 문제의 핵심을 꿰뚫어보는 능력에서 비롯된다. 길더라도 별 거 아니란 생각이 들어야 하고 어렵더라도 결국은 풀 수 있을 것이라는 믿음을 갖도록 해야 한다.

이렇게 심리적인 부분을 해결한 후에는 작은 수로, 또는 분수를 자연수로 바꾸어서 문제를 보게 하라. 문제를 간단하게 바꾸기만 하여도 아이는 훨씬 수월하게 풀게 된다.

문장제를 잘한다는 것은 기본적인 수와 연산기호를 숙지했다는 것이고 수학에서 나온 용어를 이해했다는 것이다. 이것이 선행되면 문장제 문제를 푸는 방법 즉, 식 만들기, 단순화하기, 규칙성 찾기, 그림그리기, 표 만들기, 예상과 확인, 거꾸로 풀기, 수형도그리기 등에서 모두 효과를 볼 수 있을 것이다.

:: 그림을 그리고 수치를 기록하라

끊어 읽기를 해도 안 되면 그림을 그리게 하자. 그림을 통해 머릿속에서 혼동되는 것들을 시각적으로 정리할 수 있다. 또한 그림을 그리고 수치를 적어 넣으면 머리에 여유가 생겨 다소 미진할 수 있었던 연산의 의미와 등식의 성질도 살릴 수 있다. 그러면 초등학교 문장제는 거의 다 풀린다. 사실 연산의 의미를 이해하고 문제를 끊어 읽게 되면 웬만한 식은 이해할 수 있다. 그러나 아이들은 그림을 그려서 문제를 이해하고 문제를 푸는 것을 극히 싫어하기 때문에 이것 역시 쉽다는 것을 경험으로 알 수 있게 해야 한다. 다음 문제를 보자.

사탕 11개와 연필 9자루의 값의 합과 사탕 8개와 연필 13자루의 값의 합은 같다고 합니다. 사탕과 연필 중에 어느 것이 더 비싼가요?

아이들은 일단 문제가 길고 숫자도 많은 데다가 익숙한 연산 문제가 아니어서 당황한다. 한두 번 더 읽다 결국 못 풀겠다고 포기하는 경우를 많이 봤다. 그러면 곧 '사탕이나 연필 중에 하나겠지'라며 확률 50%에 도전한다. 대부분의 아이들은 그림으로 그려서 푸는 것에 익숙하지 않다. 그림을 그려서 금방 풀리는 문제를 연습하는 것도 문장제 풀이의 한 방법이다. 똑같이 그리거나 잘 그릴 필요는 없고 개수를 정확하게 그리기만 하면 된다.

$$\begin{matrix} \circ\circ\circ\circ\circ & \star\star\star\star\star & & \circ\circ\circ\circ\circ & \star\star\star\star\star \\ \circ\circ\circ\circ\circ & \star\star\star\star & = & \circ\circ\circ & \star\star\star\star\star \\ \circ & & & & \star\star\star \end{matrix}$$

같은 개수만큼 지우거나 제거하면 다음과 같은 그림이 만들어진다.(양변에 같은 수를 빼도 여전히 같은 등식의 성질을 이용하는 것이다) 개수가 다르고 값이 같다면 작은 개수 쪽인 사탕이 더 비싼 것이 된다.

$$\circ\circ\circ \quad = \quad \star\star\star\star$$

위 그림처럼 만들 수 있다면 사탕 3개와 연필 4자루의 값이 같을 때

사탕 하나의 값이 더 비싸다는 것을 저학년이라도 직관적으로 알 수 있다. 하지만 초등학교 6학년이라면 명쾌하게 알아야 하니 방정식을 비로 바꾸어서 설명해본다.

사탕 한 개를 X, 연필 한 자루를 Y라 놓으면 '$X \times 3 = Y \times 4$'이고 이것을 비로 바꾸면 '$X : Y = 4 : 3$'로 사탕이 더 비싸다는 것을 알 수 있다.

6학년이더라도 이것을 이해하는 것이 어려울 수도 있으니 반복해서 알려주기 바란다. 좀 더 배운다면 이처럼 직관적으로 알 수 있었던 것을 더 알아가는 과정이 상위 학년이 된다.

숫자만으로 푸는 경표의 문장제 문제 정복기

4학년 경표는 소위 숫자만으로 문장제 문제를 푸는 아이다. 진도가 3학년에 해당하는 두 자리 나눗셈을 하는 중이었고, 학교 진도는 혼합계산을 공부하고 있었다. 그동안 연산을 하면서 연산기호의 의미를 알려주었지만 문제를 잘 읽지 않는 버릇은 여전하였다. 연산기호의 의미를 계속해왔기 때문에 문장제가 어렵지 않을 텐데 경표는 자꾸 기피하였다. 그냥 문제만 던져준다면 고칠 수 없을 것 같아 일주일에 몇 문제씩만 같이 풀기로 하였다.

4학년 처음에는 덧셈과 뺄셈의 문장제를 혼합시킨 문제를 주었더니 마지못해 풀기 시작했다. 덧셈과 뺄셈에서는 작은 숫자만을 가지고 했기 때문에 거의 직관적으로 답이 나왔다. 사실 초등학교 1학년 문제니 어려울 리 없었다. 곱셈과 나눗셈의 문제에서도 덧셈과 뺄셈에서처럼 문제를 풀려고 들었지만 식을 만들라고 하고 식을 만든 이유를 말하게 했다. 조금이라도 버벅대면 곧장 '곱하기가 뭐야?' '나누기가 뭐야?'를 계속 물어보아서 서로 웃곤 했다. 그 다음 '나머지' 처리 문제는 생각보다 잘했다.

5학년 5학년이 된 경표는 약수와 배수단원에서 그동안 했던 곱하기와 나누기가 빛을 발하기 시작했다. '옛날에는 왜 안 읽고 문제를 풀었을까요?'하고 능청을 떨거나 이제 어려운 문제만 풀겠다고 건방을 떨기도 했다. 약수와 배수에서 나머지 처리를 하는 문제도 몇 번 상기 시켜주었더니, 문장제에 자신감을 보였다. 오히려 문장제는 문제의 수가 적다고 좋아했다.

앞으로도 분수의 곱셈과 나눗셈에서의 문장제에서도 몇 번은 '곱하기가 뭐야?' '나누기가 뭐야?'를 물어보아야 하겠지만, 지금 하는 걸로 봐서는 분수의 문장제도 어려워하지 않게 될 것이다. 오히려 경표는 분수의 의미와 분수의 확장에 더 치중하는 편이 나은 정도가 되었다.

경표가 문장제를 어렵지 않다고 느끼기까지 6개월이 걸렸고, 문제 수로만 보면 100문제도 되지 않았다. 그러나 연산기호의 의미를 살린 것이 이러한 결과를 낸 원동력이었음을 상기해야 된다. 이처럼 순서대로 공부하는 것은 아이의 마음을 바꾸기도 한다.

아이가 수학을 포기하기 전,
지금이 최고의 기회다

수학이 어렵다 말하면 포기로 가고 있는 것이다

"우리 아이가 수학을 어려워하고 싫어해요. 어떻게 하면 좋을까요?"
"어떤 학원이나 학습지, 어떤 문제집을 풀리면 될까요?"

그동안 가장 많이 받기도 난감하기도 한 질문이었다. 수학은 어렵다가 쉬워지는 경우는 없다. 매정하게 들리겠지만 아이가 수학을 어려워한다면 수학의 포기 수순을 밟고 있는 중이다. 이런 다급한 상황의 아이라면 이미 최소 2년 동안의 부족부분이 쌓여있는 것이다. 누누이 말하지만, 수학은 반드시 이 부족부분을 메워 주어야 한다. 물론 그 수단이 마땅치 않다. 게다가 벌써 고학년에 접어든 아이에게 부족부분을 무조건 차곡차곡 쌓으라고 하기에 시간이 너무도 부족하다.

과외나 학원은 예습을 하는 곳이라 부족부분을 다루기 어렵다. 학습지는 부족한 아이가 아니라 꾸준히 하는 아이를 위한 것이라 오래 걸리고 학습지 교사의 역량에 의존해야 한다. 시중의 문제집은 골고루 나와서 좋은 듯 보이지만 그 때문에 오히려 부족부분을 채워주기에 어렵다. 그동안 필요한 부분만 발췌해서 공부를 시키라는 조언을 주었으나 그 역시 만만치 않은 일이라 그대로 시행하는 학부모는 거의 없는 듯 했다.

초등수학은 이미 중·고등학교에서 필요로 하는 많은 개념을 담고 있으며 수학의 가장 기초적인 수를 배우는 과정이다. 따라서 초등수학을 못하고 중·고등학교 수학을 잘하는 경우는 없다.

이 책의 지침대로 따라하면 최대 3년이지만, 필요 부분만 발췌해서 한다면 1~2년이라는 짧은 시간 안에 부족부분을 채워 줄 수 있는 아이도 있을 것이다.

수학은 머리가 아니라 성실함을 요구한다

기억력은 절차상 새로운 사실을 받아들이는 능력, 기억을 오랜 기간 동안 유지하는 능력, 그리고 기억을 끄집어내는 능력으로 분류할 수 있다. 새로운 지식을 빨리 받아들이는 아이를 흔히 이해도가 높다든가 머리가 좋다고 한다. 그러나 수학은 그보다 오랫동안 기억하고 있으면서 필요한 지식을 제 때 꺼내 쓰는 능력이 더 필요한 과목이다. 빨리 받아들이지 못하면 인내를 갖고 받아들일 수 있을 때까지 하면 된다. 그래서 수학은 머리보다는 성실함을 더 많이 요구한다.

수학은 쉬운 것이고 계속 쉬운 상태가 되어야 한다. 아이가 어려워하면서 잘 할 수는 없다. 수학은 그 자체보다 성실함을 유지하는 것이 어려운 일이다. 대신 다른 어떤 과목보다 그 성과가 짧은 시간 내에 이루어진다. 단지 학부모의 눈에는 성적만 보여서 최소 1년은 넘겨야 알아챌 수 있지만 오랜 경험을 갖고 있는 사람은 단 1주일만의 공부결과로도 그 미세한 차이를 느낄 수 있다. 이처럼 아주 조금씩 실력이 쌓이지만 결국 확연하게 달라질 수 있다. 학부모의 입장에서 볼 때, 수학을 올바르게 인도하는 것이 다른 어떤 과목에 투자하는 것에 비해 결과물이 좋고 아이에게 주는 최고의 선물이 될 것이다.

오래 기억하기 위해서 가장 강력한 수단은 '반복'이다. 반복은 무엇을 반복할 것인가 하는 학습재료, 시기, 기간의 문제를 가져온다. 튼튼한 지식은 언제고 꺼내 쓸 수 있는 수준까지 요구한다. 이 수준까지 반복하고 다음 단계로 나가기 위해 시기를 살필 수 있는 부모의 혜안이 필요하다.

가장 자연스런 공부가 적기교육이다

부모라면 적어도 한번쯤 자연스런 교육을 했으면 한다. 실랑이를 하거나 다그치지 않아도 자기 일은 자기가 알아서 하고 어려우면 어려운대로 깨우치기 위해 노력하게 하는, 물 흐르듯 자연스럽게 두는 것이 아이를 위해 좋다고 생각해본다. 그러나 알아서 공부하는 아이에게조차 수학은 자연스런 교육이 어렵다.

가르칠 것을 정확히 안다 해도 익히게 하는 데는 어려움이 따른다. 수학의 수나 기호는 모두 상징기호 체제라서 잘 습득되지 않기 때문이다. 그래서 초·중학교에서 수학은 매일 조금씩 반복하며 튼실하게 길러 나가는 것이 중요하다. 아무리 급해도 매일 많이 하는 것은 아이를 지치게 하거나 또 다른 부작용을 초래할 수도 있다. 자유자재로 사용할 수 있도록 반복하고 연습하는 것은 늘 새로운 것을 찾아가려는 인간의 본능 때문에 쉽지 않다. 속성상 속도조절이 어렵기 때문이다. 테스트를 통한 정확한 진도 결정으로 이를 극복해야 한다.

초등학교의 기초적인 수나 근본 개념은 점차 중·고등학교를 거치며 관념적으로 흐르고 어려워진다. 따라서 수학이 더 어려워지기 전에 튼튼히 다져주고 어려움을 극복할 수 있도록 해야 한다. 이를 놓치면 그 후로는, 부족부분을 메워줄 수단도 없고, 시간 여유도 없으며, 아이가 따라하지도 않는 삼중고를 겪게 된다. 이처럼 수학은 수학 자체의 어려움보다는 습득 과정의 어려움이 크다.

이 책은 고등학교 과정을 염두에 둔 초등수학 개념에 관한 책

이 책은 고등학교 과정을 염두에 둔 초등수학의 개념은 무엇이고, 무엇이 중요하며 그 완성이 어디까지인지를 제시하고자 하였다. 한 걸음 더 나아가 구체적으로 공부해야 할 부분을 학습지를 통해 직접 실력을 기르게 하고 있다. 일부 활동수학 영역과 큰 수의 연산과 운행능력을 제외하고, 초등학교 과정의 가장 중요한 것을 빠짐없이 다루었다.

그밖에도 초등학교에서는 다루지 않지만 중·고등학교를 위해 미리 연습해주어야 하는 중요 개념들을 일부 삽입하였다. 이 책과 『초등수학 개념 사전 62』만 있으면 아이가 알아야 개념을 위해서 이리저리 문제집을 섭렵하지 않아도 될 것이다.

수학은 도움을 주는 사람이 항상 있어야 하지만, 결국 아이도 이를 이겨낼 수 있는 힘이 있어야 한다. 자유자재로 수학의 규칙이나 원리를 사용하는데 성공하면 수학은 자유롭고 자연스런 학문이 된다. 그러나 사실 수학을 잘하더라도 어디 크게 자랑할 곳도 없다. 그래서 수학은 혼자 웃는 학문이다. 나중에 고등학교에 가서 수학의 개념들을 이해할 때마다 혼자서 한번 씨익~ 하고 웃는 아이들의 모습을 그려본다.

지은이 조안호

4, 5, 6학년 테스트

더블리치수학캠프

암산력 테스트

Children Are Really Everything to us

소요시간 2분 | 점수 100점

: : 다음을 계산하세요. (각 5점)

01. 7 + 8 =

02. 12 + 7 =

03. 7 + 5 =

04. 16 + 7 =

05. 14 + 8 =

06. 13 + 9 =

07. 17 + 6 =

08. 13 + 7 =

09. 9 + 18 =

10. 3 + 16 =

:: 다음을 계산하세요. (각 5점)

11.   11   −   4   =

12.   15   −   7   =

13.   17   −   15   =

14.   12   −   5   =

15.   13   −   8   =

16.   21   −   5   =

17.   15   −   6   =

18.   16   −   9   =

19.   20   −   12   =

20.   14   −   6   =

곱셈, 나눗셈 테스트

: : 다음 곱셈을 하시오.

01.
$$\begin{array}{r} 4\ 8 \\ \times\ \ 3 \\ \hline \end{array}$$

02.
$$\begin{array}{r} 7\ 5 \\ \times\ \ 7 \\ \hline \end{array}$$

03.
$$\begin{array}{r} 8\ 7 \\ \times\ \ 6 \\ \hline \end{array}$$

04.
$$\begin{array}{r} 8\ 6 \\ \times\ \ 2 \\ \hline \end{array}$$

05.
$$\begin{array}{r} 5\ 5 \\ \times\ \ 5 \\ \hline \end{array}$$

06.
$$\begin{array}{r} 3\ 4 \\ \times\ \ 9 \\ \hline \end{array}$$

07.
$$\begin{array}{r} 7\ 8 \\ \times\ \ 4 \\ \hline \end{array}$$

08.
$$\begin{array}{r} 3\ 4 \\ \times\ \ 8 \\ \hline \end{array}$$

09.
$$\begin{array}{r} 8\ 8 \\ \times\ \ 7 \\ \hline \end{array}$$

10.
$$\begin{array}{r} 3\ 6 \\ \times\ \ 6 \\ \hline \end{array}$$

:: 다음 나눗셈을 하시오.

11.

$$4 \overline{)\ 3\ \ 1}$$

12.

$$6 \overline{)\ 8\ \ 3}$$

13.

$$3 \overline{)\ 4\ \ 1}$$

14.

$$7 \overline{)\ 8\ \ 1}$$

15.

$$9 \overline{)\ 8\ \ 0}$$

16.

$$5 \overline{)\ 8\ \ 9}$$

17.

$$3 \overline{)\ 3\ \ 8\ \ 4}$$

18.

$$4 \overline{)\ 4\ \ 5\ \ 6}$$

19.

$$7 \overline{)\ 8\ \ 4\ \ 3}$$

20.

$$8 \overline{)\ 8\ \ 5\ \ 9}$$

4학년에서 꼭 알아야 하는 문제

Children Are Really Everything to us

소요시간 30분 | 점수 100점

01. 다음 수에 맞도록 □ 안에 알맞은 수를 써 넣으시오.

(1) $54 + 7 = 54 + □ - 3$

(2) $18 + □ + 8 = 20 + 8$

02. 만 원짜리 지폐가 만장 있으면 얼마인가요?

(   )

03. □ 안에 알맞은 수를 써 넣으세요.

(1) $□ × 3 = 3$

(2) $□ ÷ 3 × 5 = 0$

04. 더해서 10이 되는 두 자연수 중에서, 곱했을 때 가장 큰 두 수는 무엇입니까?

(,   )

05. 둘레의 길이가 $60cm$인 직사각형에서 가로의 길이가 $20cm$라면 세로 의 길이는 몇 cm입니까?

(   )

06. □ 안에 알맞은 수를 써 넣으세요.

(1) $30 \times □ \div 8 = 30$

(2) $2 + 3 \times 7 = □$

07. 1부터 100까지의 자연수의 합을 구하세요.

(   )

08. 다음 ㉠과 ㉡에 알맞은 수를 차례대로 쓰세요.

(,   )

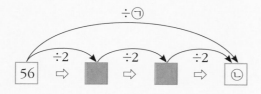

09. 다음과 같이 점을 찍을 때, 아홉째 번에 몇 개의 점이 있어야 합니까?

(개)

    ......

10. 두 수의 합은 200이고 두 수의 차는 40입니다. 큰 수는 얼마입니까?

(   )

11. 친구들 9명에게 8장씩을 나누어 주었더니 20장이 남았습니다. 친구들에게 몇 장씩을 더 줄 수 있습니까?

(   )

12. 다음 □ 안에 알맞은 수를 써 넣으세요.

(1) $12-2-2-2-2-2-2=0$ ⟹ $12 \div \square = \square$

(2) $17-3-3-3-3-3=2$ ⟹ $17 \div \square = \square \cdots \square$

13. 67에서 어떤 수를 빼고 7로 나누어떨어지게 하려고 합니다. 어떤 수 중에서 가장 작은 수는 무엇입니까?

(   )

14. 통나무 한 개를 9도막으로 자르려고 합니다. 한 도막을 자르는 데 5분이 걸리고 2분은 쉬어야 합니다. 이 일을 끝내는데 마지막 쉬는 시간까지 전부 몇 분이 걸리까요?

(   )

15. 운동장에 학생이 6명씩 13줄 서 있습니다. 이 학생들을 5명씩 앉을 수 있는 긴 의자에 모두 앉히려 합니다. 긴 의자는 몇 개 필요합니까?

(   )

16. 전체의 길이가 250cm인 종이 테이프의 $\frac{3}{5}$ 은 몇 cm입니까?

(   )

17. 8cm와 6cm 길이의 수수깡이 있습니다. 또 하나의 수수깡으로 삼각형을 만들려고 합니다. 다음 어떤 길이의 수수깡이 있어야 합니까?

(   )

① 1 cm　　　② 3 cm

③ 14 cm　　　④ 15 cm

18. 40cm인 끈의 5cm마다 색종이로 만든 꽃을 달기로 했습니다. 꽃은 모두 몇 송이를 달 수 있습니까?

(   )

19. 사각형에 대각선을 겹치지 않게 그으면 두 개의 삼각형을 만들 수 있습니다. 같은 조건으로 육각형은 삼각형을 몇 개 만들 수 있습니까?

(   )

20. 한 점을 지나고 한 직선에 평행인 직선은 몇 개 그릴 수 있습니까?

(   )

① 1 개　　　② 2 개

③ 3 개　　　④ 무수히 많습니다.

5학년에서 꼭 알아야 하는 문제

Children Are Really Everything to us

소요시간 25분 | 점수 100점

01. 1에서 50까지의 자연수 중에서 3으로 나누어지고 5로도 나누어지는 수는 몇 개인가?

(   )

02. 어떤 수를 5로 나누어도 3이 남고, 7로 나누어도 3이 남는다. 어떤 수 중에서 가장 작은 수는 무엇인가?

(   )

03. 어떤 수로 125를 나누면 5가 남고 174를 나누면 6이 남는다. 어떤 수가 될 수 있는 수를 모두 구하여라.

(   )

04. 다음을 기약분수로 나타내어라.

(1) $\dfrac{20}{30}$ (2) $\dfrac{24}{36}$ (3) $\dfrac{24}{56}$

(4) $\dfrac{16}{52}$ (5) $\dfrac{51}{68}$

05. 다음 연산을 하여라.

(1) $5 - 2\dfrac{1}{3}$ (2) $\dfrac{1}{3} \times 1\dfrac{3}{5}$

(3) $1\dfrac{1}{2} + 1\dfrac{1}{3}$ (4) $5\dfrac{1}{3} - 2\dfrac{1}{2}$

(5) $\dfrac{5}{6} + 2\dfrac{5}{8}$ (6) $4 \times \dfrac{5}{6}$

(7) $5\dfrac{1}{11} \times 1.375$ (8) $6 + \dfrac{5}{11}$

(9) $8 \div 3$ (10) $7\dfrac{4}{9} - 3\dfrac{7}{12}$

06. $4L$의 간장에서 어제까지 $\dfrac{5}{8}$ 를 사용하였습니다. 오늘 남아 있는 간장은 몇 L입니까?

(　　　　　　)

07. 성범, 정현, 경환이는 폐품모으기를 하였습니다. 성범이는 $7\dfrac{1}{6}kg$, 정현이는 $3\dfrac{7}{12}kg$, 경환이는 $3\dfrac{4}{15}kg$을 모았다면 성범이는 경환이보다 몇 kg을 더 모았습니까?

(　　　　　　)

08. 합이 10인 세 수 중에서 두 수는 $2\dfrac{3}{4}$과 $3\dfrac{5}{6}$이다. 나머지 한 수를 구하라.

(   )

09. $5\dfrac{1}{2}\,m$의 반의 반은 몇 m입니까?

(   )

10. 다음 수에서 □ 안에 알맞은 수는 각각 무엇입니까?

(,   )

$$\dfrac{1}{6} = \dfrac{1}{\square} - \dfrac{1}{\square}$$

11. 다음 도형의 둘레의 길이를 구하세요. (단, 모든 각은 $90°$입니다.)

(   )

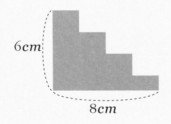

12. 다음 도형의 넓이를 구하여라.

(1)

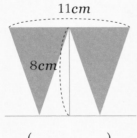

(   )

(2)

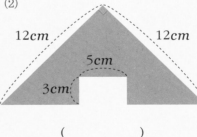

(   )

13. 선호는 오늘 오전에는 $1\frac{3}{4}$ 시간 동안 공부하였고 오후에는 2시간 반 동 안 공부하였습니다. 선호가 오늘 공부한 시간은 모두 몇 시간입니까?

(   )

14. 승만이와 정희는 3000원을 나누어 가지려고 합니다. 정희가 승만이보다 400원 더 많이 가진다면 정희는 얼마를 가져야 합니까?

(   )

6학년에서 꼭 알아야 하는 문제

Children Are Really Everything to us

소요시간 30분 | 점수 100점

01. 다음 분수의 연산을 하여라.

(1) $\dfrac{3}{8} \times 5$

(2) $6 - \dfrac{5}{6}$

(3) $5\dfrac{7}{10} \times \dfrac{5}{19}$

(4) $2\dfrac{1}{3} \div 3\dfrac{1}{2}$

(5) $6 \div 3\dfrac{1}{3}$

(6) $\dfrac{1}{2} + 1\dfrac{5}{9}$

(7) $9 \times \dfrac{3}{5}$

(8) $11 + \dfrac{5}{11}$

(9) $\dfrac{1}{2} \div 0.625 \div \dfrac{1}{2}$

(10) $\dfrac{2}{3} \times 151 + \dfrac{2}{3} \times 149$

02. 다음 연산을 암산하여라.

(1) $\dfrac{1}{2} \times 2 + 2 + 2 + 2$

(2) $\dfrac{1}{2} - \dfrac{1}{3} + \dfrac{1}{3} - \dfrac{1}{4} + \dfrac{1}{4} - \dfrac{1}{5}$

03. 가에 대한 나의 비율이 99%라고 합니다. □ 안에 >, < 또는 =를 넣어라.

가 □ 나

04. 미나네 반의 학급문고에는 책이 50권이 있다. 그 중에 72%가 동화책이라면, 동화책은 몇 권인가?

(   )

05. 두 자리의 자연수는 10에서 99까지이다. 두 자리 자연수는 모두 몇 개인가?

(   )

06. 다음을 간단한 자연수의 비로 나타내어라.

(1) $6 : 15$

(2) $\dfrac{1}{6} : 2$

(3) $(2 : 8) : (9 : 15)$

07. 다음 수를 보고 비례식을 방정식으로, 방정식을 비례식으로 나타내어라.

(1) $x : 6 = 5 : 7$

$\Rightarrow$

(2) $x \times 5 = 3 \times 7$

$\Rightarrow$

08. 맞물려 돌아가는 두 톱니바퀴가 있습니다. ㉮톱니바퀴의 톱니는 12개이고 ㉯톱니바퀴의 톱니는 18개입니다. ㉮와 ㉯ 톱니바퀴의 회전비를 구하여라.

( )

09. 8권에 2400원 하는 공책이 있다. 이 공책 3권을 사려면 얼마가 필요한가?

( )

10. 가 : 나 = 2 : 9 이고, 가 : 다는 3 : 5 일 때, 가 : 나 : 다의 연비를 구하여라.

( )

11. 6000원을 A와 B가 7 : 5로 나누어 가지려고 합니다. 각각 얼마씩 가져야 되겠는가?

(A : 원, B : 원)

12. $\boxed{0}$, $\boxed{3}$, $\boxed{4}$, $\boxed{5}$의 4개의 숫자 카드로 두 자리 자연수를 만들려고 합니다. 몇 개의 두 자리 수를 만들 수 있을까요?

( )

13. A, B, C, D 4명의 어린이가 있습니다. 4명의 어린이 중 회장과 부회장을 뽑는 경우의 수는 무엇입니까?

( )

14. 가, 나, 다, 라 4명의 어린이 중 청소당번 2명을 뽑는 경우의 수는 무엇입니까?

( )

15. 우유병에 우유가 $\frac{3}{4} L$ 들어 있습니다. 이 중에서 $\frac{1}{3}$ 을 마셨다면 우유병에 우유가 몇 L 남아 있겠습니까?

( )

16. 학교에서 집으로 오는데 전체의 $\frac{9}{11}$ 만큼은 버스를 타고 나머지 $400m$ 는 걸어서 왔습니다. 학교에서 집까지의 거리는 몇 m입니까?

( )

17. 어떤 일을 갑이 모두 하려면 4시간이 걸리고 을이 모두 하려면 6시간이 걸린다고 합니다. 갑과 을이 함께 이 일을 한다면 몇 시간이 걸리겠습니까?

( )

18. 다음은 원을 16등분한 것입니다. 색칠한 부분의 넓이를 구하여라.

( )

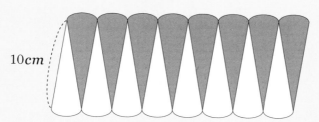

10cm

19. 밑면의 반지름이 $10cm$이고 높이가 $30cm$인 원기둥 모양의 통의 옆면에 포장지를 입히려고 합니다. 이때 사용되는 포장지의 넓이는 얼마입니까? (단, 포장지의 잇는 부분은 생각하지 않는다.)

(   )

20. 한 변의 길이가 $2cm$인 정육면체의 부피는 얼마입니까?

(   )